U0650133

企业数字化转型
运营方案与场景赋能

王梓羽 王传俊◎著

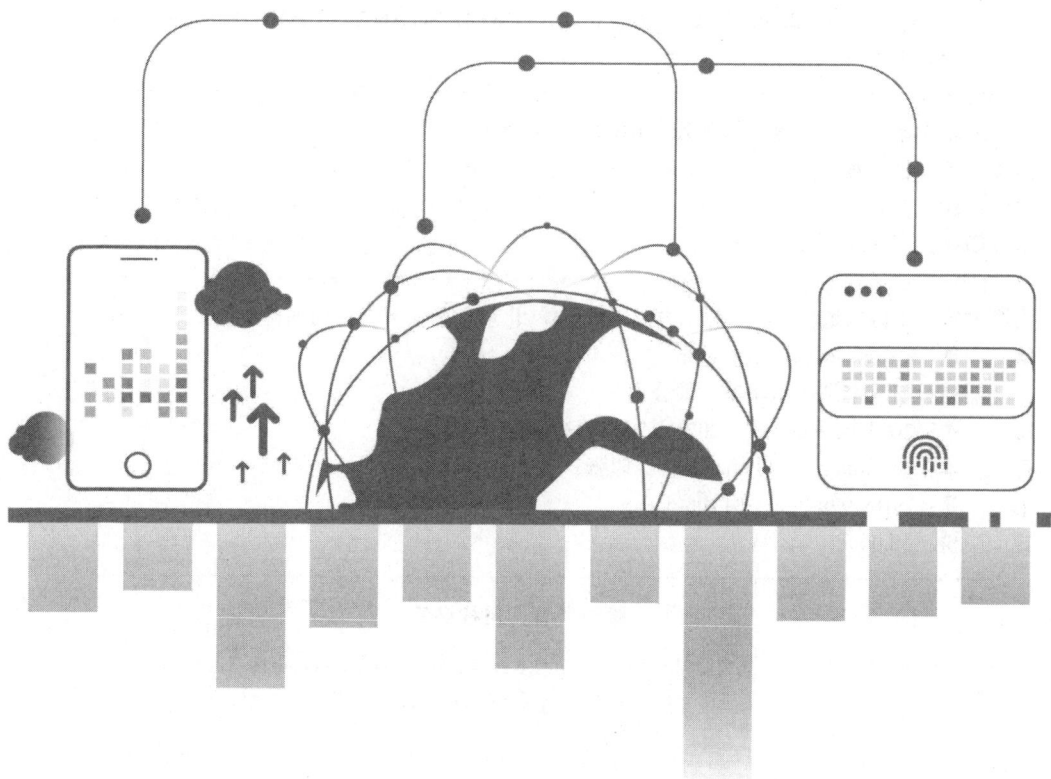

中国铁道出版社有限公司
CHINA RAILWAY PUBLISHING HOUSE CO., LTD.

图书在版编目（CIP）数据

企业数字化转型：运营方案与场景赋能 / 王梓羽，王传俊
著. -- 北京：中国铁道出版社有限公司，2025. 2.
ISBN 978-7-113-31706-5

Ⅰ. F272.7

中国国家版本馆 CIP 数据核字第 2024VF5431 号

书　　名：**企业数字化转型——运营方案与场景赋能**
　　　　　QIYE SHUZIHUA ZHUANXING: YUNYING FANG'AN YU CHANGJING FUNENG
作　　者：王梓羽　王传俊

责任编辑：奚　源　　　编辑部电话：（010）51873005
封面设计：赵　兆
责任校对：安海燕
责任印制：赵星辰

出版发行：中国铁道出版社有限公司（100054，北京市西城区右安门西街8号）
网　　址：https://www.tdpress.com
印　　刷：河北宝昌佳彩印刷有限公司
版　　次：2025年2月第1版　2025年2月第1次印刷
开　　本：710 mm×1 000 mm　1/16　印张：12.5　字数：165千
书　　号：ISBN 978-7-113-31706-5
定　　价：68.00元

前　言

在当前的数字时代，企业面临着许多挑战，如市场竞争加剧、技术迭代速度加快、消费者消费行为变化等。要想应对这些挑战、保持长久的竞争力，企业就需要紧跟时代步伐，积极进行数字化转型。

数字化转型指的是企业引入大数据、云计算等数字技术，转变管理模式、业务模式等，实现数字化生产、数字化营销等。数字化能力的构建能够创新企业发展模式，让企业在激烈的竞争中站稳脚跟。

从作用机制上来看，数字化转型能够从多方面助力企业发展。一方面，数字化转型能够提高企业的信息化水平和内部控制水平，在降低各类成本的同时推动企业实现更好的发展。另一方面，数字化转型有利于企业价值链升级。企业可以借助数字平台优化业务链条，加强与上下游企业的连接，实现价值链各环节的紧密连接，进而及时掌握需求变化，有针对性地生产产品。

此外，数字化转型能够提高企业韧性。数字化转型将数字技术与企业传统运作模式相结合，有助于实现各业务环节的实时监控与数据分析，对企业供需、项目推进等各方面的风险进行智能预测，帮助企业有效抵御各种风险的冲击。

基于数字化转型的必要性和种种优势，很多企业都意识到了数字化转型的重要意义，坚定了数字化转型的决心。但在实际操作中，由于没有掌握系统化的数字化转型方法论，因此一些企业的数字化转型没有成效。

本书针对企业的这一痛点，全方位、多角度地为企业数字化转型提供指导。书中不仅讲解了当前数字化的发展现状、企业布局数字化转型需要做好的各方面准备，还详细拆解了企业数字化转型的路径，即在设计好战略的基础上，从人力资源管理、财务等多方面入手全面推进数字化转型。

除了讲述数字化转型的各种理论外，本书还引入了钉钉、菜鸟、亚马逊等诸多知名企业的案例，讲解这些企业是如何进行数字化转型的，为读者提供参考。理论与案例结合叙述的方式不仅使得本书内容更加丰富，也使得本书更具指导性。

数字化转型是一项长期且艰巨的任务。只有对数字化转型具备全面的认知、掌握系统化的方法论，读者才能够更科学地开展数字化转型实践工作。本书力求以丰富的知识为读者提供全方位的数字化转型指导，十分适合创业者、企业家、企业管理者等人士阅读。

作　者

2024 年 10 月

目　录

下篇

企业数字化转型实现路径

上篇

数字化浪潮
引发商业变革

数字化发展呈现蓬勃态势，数据要素价值日益凸显，驱动各行各业创新升级。技术支撑方面，人工智能、区块链等关键技术不断突破，为数字化转型提供强大动力。关键能力构建需注重数据开发利用与业务创新融合，提升企业决策科学性。目标与规划蓝图应明确方向，分阶段实施，构建全局视图。执行方案需注重灵活迭代，通过小范围试验及时调整策略。紧跟变革浪潮，企业应积极拥抱数字化转型，把握机遇，提升竞争力，实现可持续发展。

第1章

数字化发展大势所趋

当前，随着数字技术的发展，其对各产业的影响也越来越深入。人工智能算法的革新、技术支撑下产品的快速迭代等，都推动企业加快发展的步伐。同时，互联网与各行各业的联系越来越紧密，数字经济业态持续释放动能，整个经济社会的数字化发展成为一大趋势。在这一背景下，企业数字化转型迫在眉睫。

1.1 数字化时代已经来临

　　互联网技术快速发展和普及，为数字化时代的到来奠定了基础。在数字化时代，企业面临新的发展环境与商业机遇。积极拥抱数字化时代，企业才能建立起竞争优势。

1.1.1 数字化时代的表现与特点

　　数字化时代指的是基于数字技术实现发展的新时代。数字化时代的发展，影响着社会、经济发展的方方面面，在社会上掀起广泛的变革。

　　数字化时代主要有四大表现，如图 1.1 所示。

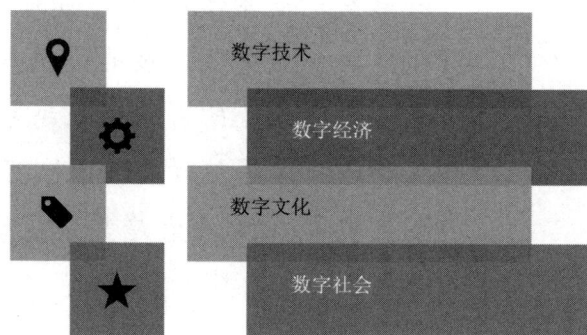

数字技术

数字经济

数字文化

数字社会

图 1.1　数字化时代的四大表现

1. 数字技术

数字技术是数字化时代的基础组成部分，涉及计算机、通信网络、人工智能等诸多领域。数字技术的发展，为人们提供了高效、智能的工具，推动了信息处理的数字化。同时，数字技术的发展，也使得信息的传递变得更加高效、便捷。

2. 数字经济

数字技术与经济产业的融合，改变了传统经济业态，催生了数字经济。数字经济基于数字技术的支持，搭建了以数据为基础的产业新生态。数字经济的发展成为全球经济发展的重要推动力，为各国的经济转型提供了重要支撑。

3. 数字文化

数字技术与文化领域的结合衍生了数字文化，涉及数字艺术、数字娱乐等方面。数字文化拓展了文化展现形式与文化产业的范围，让人们能够更加便捷地参与文化活动。同时，数字文化的发展为文化产业注入了新的生命力，为文化产业转型提供重要支撑。

4. 数字社会

数字技术与社会的深度融合推动了数字社会的发展，包括数字城市、数字医疗等多个方面。数字社会的发展，促进了数字技术与社会治理、社会服务等方面的结合，能够为人们提供更加个性化、智能化的公共服务。数字社会的发展将推动社会治理、社会服务的现代化进程。

数字化时代的核心是数字技术的发展与应用，数字化时代的到来将促进整个社会的转型。依托数字技术，数字化时代主要呈现出以下几个特点：

（1）数据化。数字化时代，随着数字技术及其应用的普及，各种社交媒体、数字化应用等不断涌现，数据规模不断增大。相应的，数据处理应用得到发展，实现数据的广泛收集、深入挖掘与分析，提升数据处理的效率和精度，为企业提供精准、多样的服务。

（2）跨界融合。数字化时代，不同行业、领域间的融合逐渐加深，界限逐渐模糊。同时，不同领域的知识和技术能够得到更深层次的融合，产生更具创意、多样化的产业与产品。

（3）个性化。数字化时代，人们的个性化需求能够得到更好的满足。企业可以根据数据分析了解用户需求，为其提供个性化、精细化的服务。同时，借助数字技术，人们能够更便捷地获取产品信息、售后服务等，体验感更好。

总之，企业需要意识到数字化时代引发的各种变革及其对经济、社会的深刻影响，从而抓住机遇，探索发展新思路和新方式。

1.1.2　企业数字化转型成为必然趋势

数字化时代的发展带来新的挑战与机遇，为了迎接数字化时代带来的变革，企业需要积极推进数字化转型。

数字化转型指的是企业借助各种数字技术，对传统的商业模式、组织结构、业务流程等进行数字化改造和升级，以应对数字化时代的需要。通过数字化转型，企业可以设计新的商业模式、优化业务流程、推出新的数字化产品等，以满足用户的需要，获得长久的竞争力。

数字化时代，数字化转型对企业具有重要意义，主要表现在以下几个方面：

1. 提升运营效率

通过数字化转型，企业可以用数字化、智能化的方式提高运营效率。例如，借助大数据、人工智能等技术，企业可以搭建起数字化的生产、供应链管理体系，进而降低人工成本，提升效益。

2. 提供个性化服务

通过数字化转型，企业可以借助各种大数据工具收集用户数据、市场数据等，了解用户的新需求与市场的新趋势。在准确了解用户信息，精准定位目标用户后，企业可以为其提供个性化的产品或服务。例如，通过数字化转型，企业可以利用大数据分析技术，对不同的用户进行分类，向不同用户提供个性化的产品推荐，提升用户转化率与用户满意度。

3. 促进企业创新

通过引入新技术与新商业模式，企业能够探索自身行业与多行业的融合，创新产品与服务。在企业创新过程中，数字技术能够提供诸多助力。例如，借助虚拟现实、仿真模拟等技术，企业能够在虚拟环境中进行产品研发与测试，缩短创新周期；在创新研发过程中，各种数字化线上办公工具可以助力企业实现信息共享、远程协作等，为企业创新提供更多支持。

此外，数字化转型还能够帮助企业实现可持续发展的目标，承担生态环境保护、资源循环利用等方面的社会责任，使企业体现出更大的社会价值。

总之，数字化转型对企业的意义重大，是企业长远发展的必经之路。企业需要意识到，数字化转型不仅是为了跟上时代的脚步，更重要的是通过数字化转型提高自身的创新能力、竞争力等。因此，在进行数字化转型时，企业不能盲目引进数字技术，而要明确数字化转型的目标和意义，找准数字化转型的重点。

1.1.3 沃尔玛如何"拥抱"数字化时代

数字化时代，企业需要紧抓时代趋势，积极进行数字化转型。越早布局，企业就能够在竞争中占据更多优势。在这方面，沃尔玛早就进行了数字化布局，主要体现在三个方面，如图1.2所示。

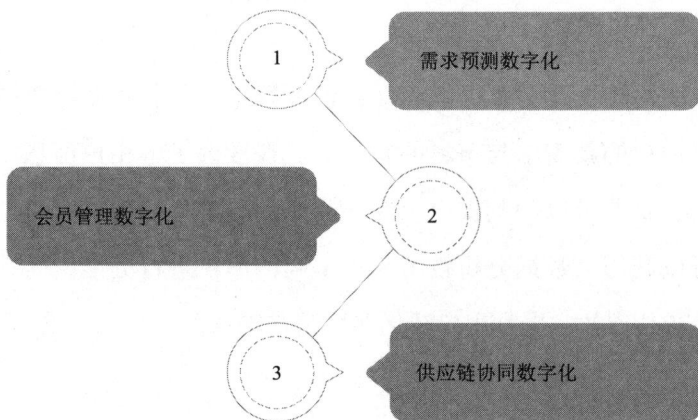

图1.2 沃尔玛数字化布局的三个方面

1. 需求预测数字化

对消费者的需求进行预测对零售企业来说十分重要。数字化时代，随着数字经济的发展，消费者的需求也发生了变化，普遍追求性价比更高、质量更好的产品，同时对个性化体验与良好的服务提出了新的要求。在这一背景下，沃尔玛做出了诸多变革。

（1）针对消费者对消费场景的个性化需求，沃尔玛提供多样化的消费方式。例如，针对喜欢宅在家里的消费者，沃尔玛推出了移动应用程序；针对想要获得沉浸式消费体验的消费者，沃尔玛打造了集购物、休闲于一体的完善消费生态。

（2）针对消费者在消费过程中的个性化需求，沃尔玛推出了 Walmart Pay 支付软件、Mobile Scan & Go 手机扫一扫等不同的支付方式，便于用户便捷地完成消费。

此外，基于数字化系统的搭建，沃尔玛可以收集来自沃尔玛商城、小程序、线下门店等多渠道的用户数据，绘制完善的用户画像，进而为其提供个性化的商品推荐。这有效提高了转化率，形成了"货找人"的消费模式。

2. 会员管理数字化

消费者行为数字化为沃尔玛的数字化转型提供了数据基础，使其能够更加完善地进行数字化会员管理。会员管理数字化不是上线一个会员小程序这么简单，而是要搭建一个涵盖消费平台、收银系统、财务系统、客户关系管理系统等多方面的完善的会员体系。

通过搭建完善的数字化会员管理体系，沃尔玛能够实现与消费者的深度连接，实现流量的重复转化。数字化会员管理体系的优势表现在以下两个方面：

（1）数字化会员管理体系拥有海量数字资源，如会员身份、消费类型、消费评价、会员福利等，沃尔玛能够通过完善的会员管理体系培养消费者的消费习惯。同时，基于数字化会员管理体系，消费者无须使用实体卡片便能获得贴心的超值会员服务。

（2）数字化会员管理体系能够实现会员的分层管理，为个性化会员营销、服务等提供支持。基于完善的数字化会员管理体系，沃尔玛搭建了稳固的会员流量池。

3. 供应链协同数字化

供应链是由多方企业构建的一个动态联盟。在供应链方面，沃尔玛通过数字技术改善了链条各环节，解决了供应链数据匮乏的问题。沃尔玛还与IBM 合作，围绕业务搭建了全球性区块链网络。基于这一网络，产品的来源、生产日期、物流数据等都能够被录入数据库。

同时，沃尔玛还进行了不少供应链方面的数字化改造，如依托大数据、影像识别技术等对自身零售平台进行数字化升级；与京东到家合作开发云仓，实现仓配一体化等。这些都提升了供应链的数字化水平。

沃尔玛供应链的数字化加深了供应商、企业与消费者之间的连接，实现了供应链各参与方之间的协同，使得供应链的运作更加透明、高效。

1.2 数字化趋势"点燃"发展动能

当前，数字化趋势已经成为经济发展的新动能，推动了数字经济、共享经济的发展。企业需要了解数字化趋势带来的改变，追赶数字化潮流。

1.2.1 数字经济蓬勃发展

当前，数字经济呈现蓬勃发展的态势。工业和信息化部公布的数据显示，截至 2024 年 10 月末，全国互联网宽带接入端口数量达 12 亿个；截至 2024 年 7 月末，我国累计建成 5G 基站总数达 399.6 万个。数字技术的发展为传统产业的转型升级及新兴产业的发展提供了强大支撑，成为经济增长的新动力。在数字技术的驱动下，数字经济实现了快速发展。

当前，数字经济的应用场景日益多元化。在生活场景中，用户可以在手机上查看数字化的商品信息，借助虚拟现实（virtual reality，VR）技术实现虚拟试用，实现购物体验的升级；智慧油机、智慧 POS 机使得加油站加油实现了"即加即走"，为用户提供了便捷支付体验。在生产场景中，基于 5G 网络的智能机器人在工业、医疗等场景中的应用越来越普遍。此外，企业也可以借助数字孪生技术，在虚拟世界进行产品的研发、测试等，降低产品开发成本。

从产业生态来看，数字技术与实体经济的结合正在变革产业生态，重塑数字经济发展格局。企业通过数字化转型实现高质量发展成为必然选择。

数字经济的四大发展趋势值得企业关注，如图 1.3 所示。

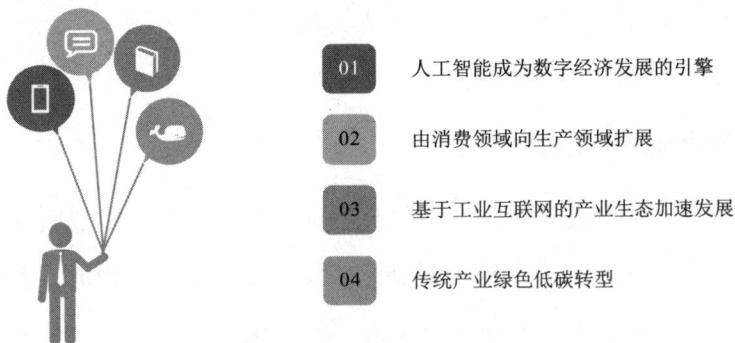

01	人工智能成为数字经济发展的引擎
02	由消费领域向生产领域扩展
03	基于工业互联网的产业生态加速发展
04	传统产业绿色低碳转型

图 1.3　数字经济的四大发展趋势

1. 人工智能成为数字经济发展的引擎

未来，人工智能与物联网、大数据等技术的融合将持续加深，推动泛在的智能信息网络的构建。同时，人工智能在深度学习、人机协同方面的应用也将进一步加深，这将改变当前的产业模式和产业生态。生成式 AI 应用 ChatGPT 的诞生，进一步推动了人工智能向各个领域的渗透，也催生了一些新的商业模式。

2. 由消费领域向生产领域扩展

当前，消费领域的互联网平台企业获得了较大发展，阿里巴巴、美团等各平台的搭建，降低了交易成本，释放了巨大的消费潜能。而随着数字技术在生产领域的渗透，传感技术、工业机器人等的应用越来越广泛。企业的研发设计、生产制造、企业管理、用户管理等都呈现出数字化趋势。未来，数字化转型将进一步由消费领域向生产领域扩展，引发制造企业的深刻变革。

3. 基于工业互联网的产业生态加速发展

制造业数字化转型的深入，促进了生产组织向扁平化、平台化发展，加速了基于工业互联网的产业生态的形成。当前，市场中已经出现了数百家工业互联网平台，连接了大量的工业设备、工业 App 等。平台化设计、智能化制造等应用模式不断发展。未来，工业互联网将持续发展，产业生态将持续扩大，产业间的协作也将成为常态。

4. 传统产业绿色低碳转型

数字技术与能源技术的结合，使化石能源的清洁化、能源服务的智能化成为现实，驱动能源技术持续向低碳方向发展。利用人工智能、大数据等技术，实时采集运行数据，精细管理企业设计、制造、物流等各环节，可以有效降低能耗和碳排放，实现绿色生产。

1.2.2　共享经济迎来新蓝海

共享经济指的是利用互联网平台进行资源优化配置，通过进行组织形态、消费方式等多方面的创新，为人们提供便利的服务的新经济模式。当前，我国共享经济市场规模不断扩大。国家信息中心发布的报告显示，2023年我国共享经济市场交易规模为33 773亿元左右，同比增长2.9%。

共享经济在扩大内需、促进消费等方面发挥着重要作用。共享出行、共享住宿等共享商业模式能够为消费升级创造更多增长空间。未来，随着共享商业模式的发展，共享经济有望向生产、生活的更多领域渗透。

此外，在数字化发展趋势下，区块链、物联网等数字技术与共享经济的融合不断深化，这为共享经济的持续发展提供了重要支撑。

例如，去中心化的区块链技术能够实现数据的去中心化管理和交易。一方面，这可以避免中介机构的干预，简化用户间合作的流程；另一方面，可以通过分布式账本技术、加密算法等保障数据存储、流通的安全性，提高用户间的信任度。此外，区块链还能够与云计算、大数据等技术相结合，满足企业对各种数据分布式存储的需求，保障数据安全，实现各数据平台的集约化整合。当前，区块链在共享交通、共享能源等多个领域已经有了应用，未来将展现更大的应用潜力。

再如，物联网技术的发展给共享经济带来了新蓝海。物联网技术可以实现多种设备、传感器的连接，并实现彼此之间的数据共享。在共享经济中，物联网技术能够优化企业业务流程，提高企业的管理效率。

在共享单车领域，企业可以通过物联网技术实现对车辆的监控与管理，更好地实现单车的定位、开锁、计费等功能。同时，企业也可以借助物联网技术对单车进行维护，延长单车的寿命，提升用户的使用体验。

在共享办公领域，企业可以通过物联网技术实现对办公场所的环境、办公设备等的智能管理。企业还能通过物联网技术对办公场所的设备进行远程维护，提高员工的使用体验和工作效率。

总之，数字化趋势推动了数字技术的发展，而数字技术的发展能够为共享经济的发展提供推动力。未来，随着技术的不断迭代以及企业探索的深入，共享经济将实现长久的发展。

1.2.3　平台化成为发展新方向

在数字经济发展的大趋势下，数字化转型成为关乎企业未来生存的必然选择。而在数字化趋势下，各行业头部企业实现平台化发展成为趋势。平台化发展可以帮助企业以数字技术整合更多行业资源，壮大自身实力，满足用户的多元化需求。

那么，企业需要从哪些方面入手实现平台化发展？

在商业模式方面，企业需要打造完善的数字化平台，并连接更多的利益相关方，搭建完善的价值流通网络。通过聚集各方资源，企业可以提升平台的价值，同时不断壮大的平台又会吸引更多资源加入。

在企业管理方面，企业也需要进行平台化变革。企业需要从员工关系、绩效管理、组织结构、业务能力数字化方面进行变革，提升组织数字化能力，搭建起完善的平台化组织，实现平稳运作。

在商业合作方面，企业可以打造合作共赢的开放平台，拓展发展边界。企业可以以平台为支撑，积极寻求跨界合作，打通上下游不同环节的壁垒，推动行业发展。同时，通过与其他企业合作以及资源整合，企业能够转变业务模式，从单纯依靠产品盈利转变为依靠整体解决方案盈利。

1.3　在数字化趋势中挖掘商机

数字化趋势下隐藏着诸多商机，如数据挖掘机遇、低代码开发机遇等，企业需要从不同角度挖掘数字化趋势中的诸多机遇，以在竞争中占领先机。

1.3.1　重视数据，在数据中挖掘商机

在数字化时代，各行各业产生大量数据，而数据成为企业挖掘商机的重要驱动力。借助数据分析，企业能够精准了解并预测市场需求，进而挖掘商业机会。数据分析的作用主要体现在四个方面，如图 1.4 所示。

1. 了解消费者行为和偏好

通过收集并分析消费者的行为数据，如点击量、购买历史等，企业可

| 1 了解消费者行为和偏好 | 2 发现新的细分市场 |
| 3 预测市场趋势和需求变化 | 4 提升产品和服务质量 |

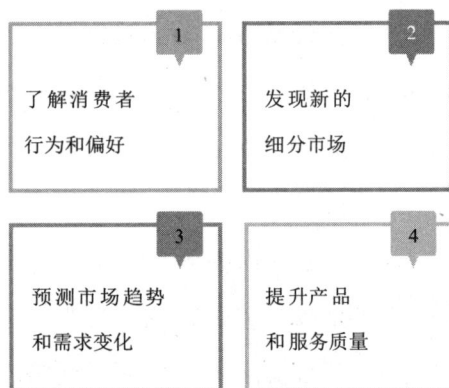

图 1.4　数据分析的作用

以了解消费者的偏好、购买行为等，精准地满足消费者的需求。这可以帮助企业提高销售额，获得更多收益。

2. 发现新的细分市场

通过挖掘大量数据，企业可以将消费者划分为不同群体，分析出不同群体的需求，发现新的细分市场。同时，企业也可以针对不同的消费者群体设计个性化的营销策略，更好地满足消费者需求，开拓新的市场增长空间。

3. 预测市场趋势和需求变化

通过对行业数据的收集和分析，企业可以预测市场趋势、消费者需求变化等。根据预测结果，企业可以及时调整产品策略，以新产品满足消费者的新需求。这种及时把握市场变化的能力，能够使企业获得更多商业机会。

4. 提升产品和服务质量

通过分析消费者的产品评价、服务评价等反馈数据，企业能够了解自身产品或服务的优势和缺陷，进而有针对性地提升产品或服务的质量。这能够提升消费者的满意度和复购率，助力企业树立好口碑，实现更多的产品转化。

总之，数据分析在挖掘商机方面具有重要作用。提升自身的数据分析能力成为企业挖掘商机的必要条件。在这方面，市场中已经出现了一些数据服务提供商，借助其提供的服务，企业可以更加便捷地进行数据挖掘工作。

例如，数据服务商德尔塔科技推出了 DInst 数据挖掘系统（以下简称 DInst），帮助企业搭建数据分析模型，实现数据挖掘的全流程管理。其优势主要体现在以下六个方面：

（1）数据接入。DInst 提供多种数据接入方式，如各种主流关系数据库、平面数据源以及各种大数据平台，实现了数据的统一接入，为数据分析奠定基础。

（2）分析算法。DInst 提供回归分析、层次聚类、方差分析等数据统计分析方法，通过定量分析、图形展示等方式展示分析结果，便于企业对数据进行初步分析。同时，DInst 也提供神经网络、决策树等多样的数据智能挖掘算法，实现对数据的深入挖掘与优化。

（3）高性能计算。DInst 采用混合并行架构，能够实现多任务的并行处理，并实现内存节约。不同算法的并行极大地提升了系统的数据挖掘效率。

（4）扩展接口灵活。DInst 支持企业在其业务系统中快速调用数据挖掘模型，实现与企业业务的整合，使模型能够为企业决策提供支持。

（5）闭环分析流程。DInst 拥有闭环分析流程，企业的数据挖掘与数据分析不会与业务脱节。DInst 打造了数据分析闭环，保证所有分析流程都在系统中进行，进而确保分析流程的统一、分析结果的便捷部署等。

（6）完善的模型评估。DInst 提供了完善的模型评估指标，以实现对数据挖掘模型的科学评估。这降低了企业选择出最优模型的难度。

总之，在数字化时代，企业要重视数据挖掘工作，借助专业的数据服务工具，挖掘数据的更大价值。同时，企业还需要依托数据寻找潜在商机，并依据科学的数据决策提供新的解决方案。

1.3.2　低代码开发领域实现快速增长

数字化转型的目的在于提升企业竞争力，而新兴技术的应用成为推动企业实现数字化转型的重要力量。其中，低代码开发作为数字化转型的核心引擎，在企业数字化转型进程中发挥着重要作用。

从定义上来说，低代码开发是一种只需要少量代码就能够快速开发系统，并实现快速部署的工具，能够极大地缩短程序开发的时间。当前，低代码开发已经在制造业、零售行业、医疗行业等诸多行业实现了应用。

在数字化趋势下，低代码开发领域有了更加广阔的发展前景，谷歌、微软、阿里巴巴、华为等巨头纷纷在这一领域布局。例如，阿里巴巴旗下产品钉钉上线了低代码开发工具，不懂代码的用户也能够快速开发新应用程序，进一步激发了低代码开发的热潮。而随着巨头企业的布局，越来越多的企业选择低代码开发的形式开发应用程序。

那么，企业应如何抓住这一商机？不同规模的企业客户对低代码开发具有不同的需求，企业可以据此提供多样的服务。

（1）提供完善的数字化解决方案。企业可以凭借自身实力，为企业客户提供多样的技术工具、平台服务等，如云计算服务、大数据分析服务等，助力企业客户实现数字化转型。

（2）数据分析与相关应用。企业可以为企业客户提供丰富的数据分析工具、算法模型等，帮助企业客户实现数据驱动决策。

（3）模式创新。企业可以通过提供"互联网＋医疗""互联网＋金融"等"互联网＋"服务，助力企业客户变革商业模式、运营模式等，优化其服务体验。

总之，企业可以根据自身情况和市场需求提供低代码开发服务，为更多企业的业务增长与创新赋能。

1.3.3　钉钉：紧抓数字化趋势

2022 年 4 月，弗雷斯特研究公司（Forrester Consulting）发布了《钉钉总体经济影响研究报告》。该报告显示，根据实践结果，某企业应用钉钉后，应用开发成本大幅降低，同时，信息获取及整合效率、投资回报率等都实现了大幅提升。这体现了钉钉在数字化转型趋势下的探索成果。聚焦企业数字化转型需求，钉钉为企业提供多方面的服务。

在应用钉钉前，该企业的内部沟通方式以电话、邮件等为主，跨部门沟通需要切换不同的系统，沟通效率低下。而该企业自建协作平台需要付出较高的成本，且缺乏专业的工作人员与 IT 资源。钉钉的应用解决了该企业面临的难题，其可以提供一站式沟通解决方案，为该企业提供定制化服务。除了内部部门、员工间的日常沟通外，钉钉还能够为其提供便捷的咨询与售后服务。

钉钉及其协同套件的应用，提升了该企业的在线办公效率。例如，基于钉钉文档的在线编辑功能，该企业的员工可以多人同时进行文档编辑，实现信息同步，提高了信息收集与整理的效率。再如，该企业员工的视频会议、与客户的沟通等，都可以通过钉钉实现，在提升沟通效率的同时，也保证了信息的安全性。同时，钉钉集成了该企业内部的诸多应用，支持员工通过钉钉进行费用报销、打卡、请假等。这些丰富的功能提高了该企业的数字化程度和运营效率。

钉钉极大地节约了该企业的开发成本。为了满足不同企业的定制化需求，钉钉打造了应用商城、低代码开发平台等功能。该企业可以根据自己的需要，下载应用商城中的应用、进行定制化的应用程序开发，开发成本大幅降低。同时，低代码使得应用程序的开发门槛降低，让更多业务人员可以参与应用程序开发。这激发了员工的自主性，也让业务更加灵活。

钉钉紧抓数字化趋势，凭借自己的技术能力，为企业数字化转型提供技术与工具支持。未来，钉钉将在技术迭代下持续进行功能升级，为更多企业的数字化转型提供助力。

第2章

数字化转型的多维技术支撑

数字化转型是一种整体的发展战略，企业需要利用各种先进技术来迭代运营模式，提高自身竞争力。数字化转型的关键技术包括云计算、区块链、大数据、人工智能、5G等。企业在数字化转型的过程中成功应用这些技术，能够实现事半功倍的效果。

2.1 云计算：提升产品与业务灵活性

云计算是一种提供超强计算能力与存储能力的技术。借助云计算技术，企业可以更好地管理数据和产品，使业务更具灵活性，以更好地适应市场的变化。

2.1.1 云计算概述

云计算可以为企业提供计算、存储等基础设施服务，也能够为企业开发、部署平台即服务（platform as a service，PaaS）或软件即服务（software as a service，SaaS）提供服务，无须企业安装或维护应用。

基于云计算的种种优势，越来越多的企业开始布局云计算。这意味着企业不需要打造自己的服务器，即可享受多种网络服务。云计算作为实现数字化转型的技术基础之一，可以帮助企业快速实现业务增长，有广阔的发展前景。云计算的应用主要体现在以下几个方面：

（1）互联网数据中心是云计算最基础的应用方式。随着数字经济的发展，我国的数据存量出现井喷式增长。基于庞大的业务需求，越来越多的企业致力于数据中心的建设工作。如今，一线城市的数据中心市场逐渐饱和，但在市郊、西部城区等电力成本较低的地区，仍旧存在广阔的市场。

（2）随着百度、阿里巴巴、腾讯等互联网龙头企业的深入探索，公有云的格局基本确定。但各行各业对公有云的需求有所不同，诸如 UCloud、七牛云等为企业提供"行业云"服务的企业同样获得了良好的发展。针对不同的行业提供计算能力、安全、流量等方面的云计算服务，也是一个很好的发展机会。

（3）由于数字化程度较低，传统企业在进行数字化转型时通常会寻求外部的技术支持，但那些需要严格保密的数据不能使用公有云进行计算或存储。在这种情况下，混合云和私有云就可以满足企业的需求。从当前发展来看，混合云和私有云的市场存在很大的发展空间。

（4）互联网将个人与企业的行为存储为非结构化的数据，大量的行为数据被存储在云端。如何筛选其中的有效数据，并对其进行分析、整合，是数字化时代企业实现数字化转型的重要方向，如利用行为数据预测流感的暴发时间或企业经济增长的黄金时段等。

数字化转型要求企业打破原有的运营模式，实现业务、产品、服务等全方位的转型。企业只有坚持自我革新，才能在激烈的竞争中保持领先地位。云计算就是推动企业创新发展的强效催化剂，是企业实现数字化转型的基石。未来，企业诸多业务都将在云端开展，业务将更加灵活。

2.1.2　技术进阶：算法不断升级

云计算可以实现数据的传输、存储、分析等，为企业的数字化转型提供算力支持。当前，随着数字化时代的发展，云计算实现了技术升级，具体表现在四个方面，如图 2.1 所示。

1. 协同工作

云计算能够与智能设备协同工作，为企业提供有效、准确的数据分析结果，使企业的战略决策更精准。

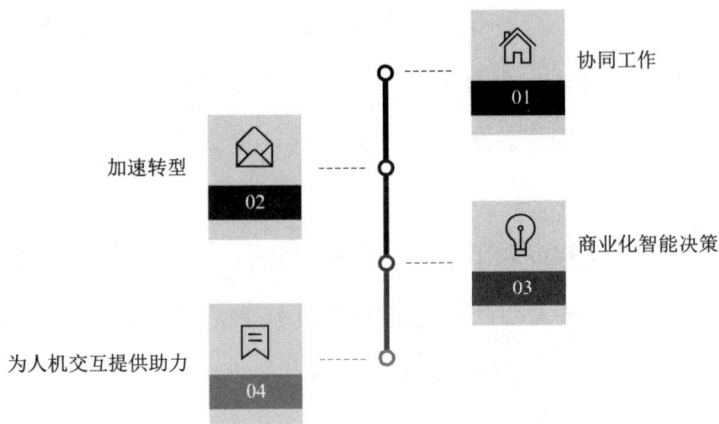

加速转型

协同工作
01

02

商业化智能决策
03

为人机交互提供助力
04

图 2.1　云计算技术升级的表现

2. 加速转型

随着技术的频繁升级，企业的数字化转型意识日益增强。而云计算能为企业提供更精准、更高质量的数据，加快企业数字化转型的步伐。

3. 商业化智能决策

在决策方面，企业可以通过云计算的智能数据分析与存储功能实现巨大飞跃。对于企业来说，市场数据、发展战略、商业计划等都是非常重要的数据。企业只有对这些数据进行整理与分析，才能更好地了解自身的薄弱环节与关键优势，从而通过商业趋势预测弥补自身在经营方面的短板，尽快达成发展目标。

4. 为人机交互提供助力

许多互联网巨头，如谷歌、百度等，都推出了聊天机器人、智能个人助理等产品。这些产品通过语音识别系统分析用户数据，并从数据分析结果中获取用户的偏好，进而完成流畅的人机交互，让用户的生活变得更智能。而人机交互离不开云计算的支持，云计算为这些智能应用提供必要的计算能力和存储能力。

未来，当各项技术越来越成熟后，还会出现更多更高级的云计算应用。与此同时，企业的业务范围将会越来越广，数字化能力也会不断提高。

2.1.3 云计算如何赋能业务

云计算能够更好地赋能业务，提高业务的灵活性。其对业务最直接的赋能就是能够实现业务上云，即企业通过云计算实现业务与外部资源的连接。这能够降低企业的运营成本，提升企业管理水平。

当前，业务上云已经成为企业实现数字化转型的必然选择。逐渐互联网化的数据平台以及成为数字化转型核心驱动力的云计算技术，都使得企业的业务上云成为必然。

1. 数据平台逐渐互联网化

传统的企业管理系统通常只用于增强企业管控能力或扩大信息获取渠道，各个部门之间的系统相互独立，系统间的各项数据并不共享。如今的企业管理系统越来越注重用户体验，根据用户需求不断迭代自身的数字化产品。

这种新型管理系统要求企业将作为基础支撑的数据平台以及前端的用户案例互联网化。为降低运营成本，许多企业都选择将旧系统的硬件移植到云端，因而数据平台具有云计算能力。

2. 云计算是数字化转型的核心驱动力

云计算汇集了多项数字技术的优势。与传统技术相比，云计算在数据处理能力、迭代升级的速度以及计算性能的优化等方面都有更显著的优势。许多软件商为了提升自身产品性能，更好地融入行业生态，开始将云计算作为产品的主要技术架构。这种架构还可以帮助企业将资本性支出转变为运营性支出，增强企业财务模式的弹性，帮助企业优化资本结构。

如今，数据的安全风险越来越高。由于存储的数据大多处于共享状态，因此云计算天然具有风险防范机制。企业实现业务上云后，就可以借助这种机制，提升数据的安全性，节省部分用于数据安全管理的开支。

2.2 区块链：搭建去中心化运行机制

区块链是一种去中心化、可追溯的分布式数据库技术，为企业数字化转型提供了机遇。其可以帮助企业实现数据管理、降低运营成本、创新商业模式等。

2.2.1 去中心化的分布式账本

区块链的本质是去中心化的分布式账本，可以实现数据的存储、传输、追溯等。其优势在于可以实现数据的分布式存储、点对点传输等，没有第三方的介入。这能够更有效地保护数据安全。

在分布式账本模式下，一个账本必须有唯一确定性的内容，而且每个用户只可以获得唯一一个真实的账本。账本里的任何变化都会被区块链反映出来。

在如今的信息时代，中心化的记账方式覆盖了社会生活的方方面面。然而，中心化的记账方式有一些弊端，例如，一旦这个中心被篡改或被损坏，整个系统就会面临危机。如果账本承载的是整个货币体系，还会面临中心控制者滥发货币导致通货膨胀的风险。

中心化的记账方式对中心控制者的能力、参与者对中心控制者的信任以及相应的监管法律和手段都有极高的要求。那么，有没有可能建立一个不依赖中心及第三方却可靠的记账系统呢?

从设计记账系统的角度来说,系统的构建需要让所有参与方平等地拥有记账及保存账本的能力,但每个参与方接收到的信息不同,记录的财务数据也有所不同。数据一致是记账系统最根本的要求,如果每个人记录的数据都不一致,那么记账系统也就失去了价值。

区块链能够确保数据的一致性。如果将接入记账系统的每台计算机看作一个节点,那么区块链就是以每个节点的算力竞争记账权的机制。

例如,在数字货币系统中,算力竞赛每 10 分钟进行一次,竞赛的胜利者能获得一次记账的权力,即向区块链这个总账本写入一个新区块的权力。也就是说,只有竞争的胜利者才能记账。在记录完成后,区块链就会与其他节点同步信息,产生新的区块。值得注意的是,算力竞争如同购买彩票一样,算力高的节点相当于一次购买多张彩票,只能相应地提升中奖概率,却不一定会中奖。

这里的奖品指的是数字货币,发放奖励的过程就是数字货币发行的过程。每一轮竞争胜利并完成记账的节点,都会得到系统给予的一定数量的数字货币奖励。节点为了获得系统发行的数字货币,就会不停地计算。这种设计将货币的发行与竞争记账机制结合起来,在引入竞争的同时,也解决了去中心化货币系统发行货币的难题。

这种去中心化的记账系统可以承载的各种价值形式除了数字货币外,还包括可以用数字形式定义的资产,如股权、产权、债权、版权等。这意味着区块链可以定义更复杂的交易逻辑,区块链技术也因此被广泛应用于各个领域。

2.2.2　区块链如何建立信任

互联网的发展使各方参与者之间的信任问题凸显,第三方中介机构顺势兴起。虽然第三方中介机构能够在一定程度上解决信息交互、价值流转过程中的信任问题，但其模式是中心化的，难以从根本上解决互联网中的信任问题。而区块链可以搭建起去中心化的数据交互信任体系，推动全球互信的发展。

区块链最重要的价值在于能够在信息不对称、环境未知的情况下打造出一个完善的信任生态体系。下面以"拜占庭将军问题"为例，简述区块链如何解决数据交互时可能出现的信任问题。

"拜占庭将军问题"由著名计算机科学家莱斯利·兰伯特提出，是由现实问题转换而来的概念模型。即将军们如何在仅能依靠信使进行信息传递且有叛徒干扰的情况下，制订出统一的进攻计划。例如，共有5位将军，每位将军向其他人传递一条信息，将会产生20条信息流。同时，每位将军提议的进攻时间未必相同，叛徒可能会同意多位将军的提议，导致信息处理成本大幅上升。

引入区块链这个概念后，该问题迎刃而解。区块链引入"工作量证明"这一概念，在单位时间内，只有第一位完成规定"工作量"的将军才可以发起进攻提议，每位将军在对上一位将军的提议进行表决后，可以发起自己的提议。这样将会极大地提升叛徒传递虚假信息的成本，打造出较为完善的信任体系。

在实际应用中，区块链是由多台计算机连接形成的共享网络，具有公开性、安全性和唯一性。使用者可以查看节点上的全部信息，但只能对自己的节点进行修改。若区块链的某些节点数据被损害，只要还有一个节点存储有相关数据，这些数据就会在重新建立连接后同步给其他节点。

区块链改变了传统的交互模式。如今，数据的存储不再依赖中心节点，各节点之间的交互都会产生记录，由此形成了一种"无须信任"的信任体系，那些依赖信任关系的难题也就迎刃而解了。

2.3 大数据：为企业决策提供数据支持

当前，随着大数据的发展，各种大数据应用逐渐在各行各业落地。数据驱动决策、数据指导生产、数据赋能智能设备等都成为现实，加速了企业数字化转型的步伐。

2.3.1 从不同角度认识大数据的价值

在当前的数字化时代，大数据的价值日益凸显。在大数据的支持下，企业能够精准挖掘用户需求，做出精准的决策，并以大数据赋能业务，打造竞争优势。大数据的价值主要体现在四个方面，如图 2.2 所示。

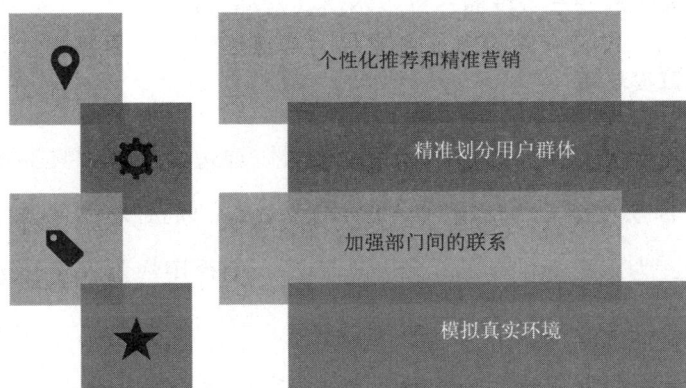

个性化推荐和精准营销

精准划分用户群体

加强部门间的联系

模拟真实环境

图 2.2 大数据的价值

1. 个性化推荐和精准营销

基于大量的用户数据和智能分析算法，企业可以为用户提供个性化推荐，如淘宝的商品推荐、应用商店的软件推荐、网易云音乐的歌曲推荐等。当企业足够了解用户后，还可以进行商业化延伸，实现从用户分析洞察到效果评估的精准营销闭环管理。这样既可以有效节约营销成本，还可以提升营销的精准性，优化投入产出比。

2. 精准划分用户群体

大数据可以极大地降低用户数据的分析成本，使企业可以轻松地根据用户的消费习惯、消费水平等对用户群体进行划分，用不同的服务方式服务不同的群体。同时，企业可以对不同的用户进行更深层次的分析，从而增强用户黏性，降低用户流失率。

3. 加强部门间的联系

即使是为同一个用户提供服务，研发、生产、宣传、售后等部门需要的数据也有所不同。提高数据的利用效率及挖掘数据深度可以增强各部门之间的联系，实现数据共享，进而提高整个产业链的运作效率。

4. 模拟真实环境

在存储了海量的用户数据后，企业就可以通过数据模拟真实环境，从而满足用户更深层次的需求。例如，天津地铁 App 通过实景模拟的方式预测站内客流量，为用户提供车站客流热力地图，使得用户可以更好地制订出行计划。

作为一种新型生产要素，数据成为企业宝贵的经济资产，助力企业创新，提升产品价值。只有充分认识到大数据的价值，企业才能精准把握时代脉搏，更好地实现数字化转型。

2.3.2 大数据时代的数据库

数据库是实现数据结构化存储与管理的合集，能够承载企业运营的全部数据，为企业管理提供数据搜索、数据统计等服务，同时能够为企业的科学决策提供数据支持。数据库依据数据模型而运作，典型的数据模型包括关系模型、维度模型、Data Vault 模型三种。

1. 关系模型

关系模型即在梳理业务环节之间的关系后建立的模型。关系模型的建立需要企业从整体出发，用能够进行关系描述的数据模型展现整个业务架构，针对某个主题进行抽象化处理，而不是针对某个具体的业务流程进行抽象化处理。通常情况下，企业会在有数据整合和数据一致性需求时使用该模型。

2. 维度模型

维度模型将业务拆分为事实表与维度表，并按照这种结构构建立体的数据模型。维度模型通常会将事实表放在中心位置，维度表则围绕在事实表的四周，因此也被形象地称为星形模型，如图 2.3 所示。

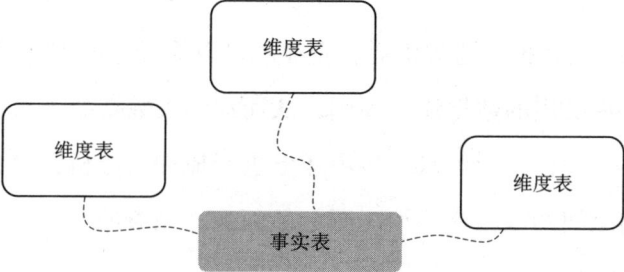

图 2.3　维度模型示意图

维度模型对每个维度都进行了充分的预处理，如整理、统计、排序、分类等，对于分析部门内的小规模数据具有显著的性能优势。因为在经过预处理后，数据库的数据分析能力将得到显著提升。同时，在维度划分合理的情况下，星形连接是最高效的数据传递方式，能大幅提升访问效率。因此，企业必须充分收集用户反馈，并通过反馈数据对维度模型的结构进行调整。

3.Data Vault 模型

Data Vault 模型的建立需要企业对数据的来源进行追踪，其中每个数据集都需要具有数据来源、装载时间等基础属性，从而计算数据的其他信息。Data Vault 模型会保留操作型系统的全部数据，不会对数据进行验证或清洗。这种方式更适合用于构建数据库的底层，会提升分析业务场景的复杂程度，因此并未得到广泛的推广。

数据库与立体数据模型是大数据的重要应用方式，建立数据模型也是设计数据库的重要步骤，企业可以根据应用需求选择合适的模型。

2.3.3　数字化转型与大数据应用

随着大数据技术的发展，企业探索大数据应用成为趋势。在这方面，企业可以采取三个措施，推进大数据在企业中的应用，充分挖掘大数据的价值。

1.建立数据共享体系

在了解现有的数据流通规则后，企业就可以综合考虑各部门的业务需求，建立更规范、更实用的数据流通规则，从而加强大数据技术对企业创新发展的推动作用。例如，企业可以对各项业务进行梳理与分析，绘制出各部门内部以及各部门之间的数据流通情况图，从而建立完善的数据共享系统，打破企业内部的数据壁垒。

2.推进基础设施建设

企业应用大数据离不开相关平台的建设，这是企业实现大数据应用的基础设施。企业需要建设稳定的大数据平台，配备相应的硬件设备、软件工具等，提供多样的数据处理和分析服务。同时，企业需要完善数据管理规范，包括数据采集、存储、分析、安全保障等多方面，保证大数据平台运行的稳定性。

3. 完善数据安全体系

在应用大数据的过程中，企业需要完善数据安全体系，加强数据的安全防护，避免发生数据泄露的情况。例如，企业可以完善数据安全规范，制定数据安全标准，并制定相应的反馈机制与惩罚措施，严格管控数据的安全问题。同时，企业还可以加快数据安全防护技术的研发工作，为数据共享提供安全保障。

大数据可以帮助企业优化资源配置，提升产品质量，降低生产成本，精准地将产品或服务投放给有需求的用户。充分认识并发挥大数据的价值，成为企业实现高质量发展的基础推动力。

2.4　人工智能：实现企业运行智能优化

人工智能对企业数字化转型具有重要作用，它能够变革企业管理流程、生产流程等，加快企业数字化转型的步伐。

2.4.1　人工智能的发展与分类

作为一项十分重要的先进技术，人工智能可以执行那些人类智能才能完成的复杂任务。发展至今，人工智能经历了专用型人工智能和通用型人工智能两个阶段。

专用型人工智能是人工智能发展的初级阶段。这个阶段的机器不具备模拟人类思考的能力，只能执行系统内部预设的简单任务。语音助手 Siri、搜索引擎 Alexa、围棋机器人 Alpha Go 等都是专用型机器人。

通用型人工智能是人工智能发展的高级阶段。这个阶段的机器将拥有人类的思考和决策能力。目前，通用型人工智能仍处于开发阶段，尚未出现公开的通用型人工智能实例。但以目前的科技发展速度来说，这一阶段离我们并不遥远。

研发人工智能的主要目的是利用机器代替人类完成复杂度、危险性较高的工作，因此，可以根据人工智能系统模拟人类的方式将其分为三种类型。

1. 认知 AI

认知 AI 通过持续地从数据挖掘、语言处理、智能自动化等技术中获取经验，显著提升了机器的交互能力，增强了人工智能的普适性。认知 AI 可以轻松地处理较复杂且拥有二义性的问题，通常用于处理那些具有较强不确定性的工作。

2. 机器学习 AI

机器学习 AI 仍处于研发阶段，但在研发成功后势必会对人们的日常生活产生极大的影响。机器学习 AI 会在庞大的数据库中寻找数据之间的共性，并利用这种共性对未来进行预测。例如，特斯拉已经成功部署自动转向系统，这个系统会将它收集的所有驾驶数据发送至总部，从而不断完善现有的自动驾驶模式，实现自我升级。

机器学习 AI 的内置算法可以将混乱的数据转换为容易理解的数据资料。无监督算法可以找到原始数据中的内在结构，从而帮助企业了解市场的相关性、离群值等；有监督算法可以分析出某些指标指导数据集的方式，从而预测未来的数据趋势，通常用于用户需求的预测、内容推荐等方面。

3. 深度学习 AI

如果说机器学习是人工智能领域的前沿技术，那么深度学习就是这个领域的尖端技术。深度学习 AI 将大数据和无监督算法结合，将那些未经处理的数据结构化，使其形成互联的数据群集网络。

深度学习是识别语音、图像的基础方法，与传统的非学习类方法相比，它的准确性会随着载入数据的增加而得到提升。未来，深度学习 AI 有望自主回答用户咨询，并基于庞大的数据库为企业提供产品营销建议。

人工智能可以通过内置的数据结构进行自我升级，满足了社会发展的要求，是推动各行业发展的重要引擎。

2.4.2 数字孪生是人工智能的未来

数字孪生是一种新兴技术，可以根据物理实体构建虚拟的数字孪生体，实现对物理实体的数字化映射。数字孪生能够实现对物理实体的动态仿真。

有了数字孪生，物理世界中的很多事物都可以借助该技术进行复制。该技术在物理世界和虚拟世界之间建立一种联系，使二者可以互联、互通、互操作。当前，波音、通用电气、西门子等知名企业已经开展了一系列数字孪生项目，向外推广该技术。

数字孪生与人工智能深度融合，使物理实体在信息化平台内实现更真实、高效的数字化模拟。例如，数字孪生系统引入人工智能，能根据更大规模的数据进行自我学习，可以几乎实时地在虚拟世界中呈现物理世界的状况，并对即将发生的事情进行预测。

在人工智能等技术的推动下，数字孪生已经在制造、建筑、医疗、城市管理等很多领域得到了应用，并出现了很多优秀案例，见表 2.1。

以数字孪生在城市管理领域的应用为例，在杭州市萧山区，阿里云旗下的 ET 城市大脑可以对交通信号灯进行自动控制与调配，让救护车到达现场的时间缩短了 50% 以上，为患者开辟了一条畅通无阻的"绿色生命线"。

此外，达索公司的"Living Heart"项目借助人工智能、数字孪生技术，掌握了通过肌肉纤维产生电力的方法，以复制心脏的真实动作，建立高度仿

表 2.1 数字孪生的应用情况

案例	应用领域			
	制造	建筑	医疗	城市管理
应用场景	波音 777	北京大兴国际机场、艺术馆	数字心脏	城市整体布局
孪生对象	数字孪生产品； 数字孪生生产线； 数字孪生工艺	建筑物龙骨； 建筑物管网	心脏结构； 血液管流； 心电动力	城市管网； 气象天气
实现载体	基于模型的定义（model-based definition，MBD）； 基于模型的工程（model-based engineer，MBE）； 基于模型的制造（model-based manufacturing，MBM）； 基于模型的维护（model-based sustainment，MBS）	建筑信息模型（building information modeling，BIM）	达索 Living Heart（虚拟心脏）	达索 3D Experience City
效率提升	研发周期由 89 年缩短至 5 年； 实物仿真几百次减少至几十次； 生产成本降低 25% 以上	建造成本降低 5% 左右； 建造工期缩短 10%； 返工率降低大约 50%	降低手术风险； 提高药物作用、精度； 快速制定个性化治疗方案	应急处置效率提高 30%； 拥堵率降低 25%； 减少城市管理成本
功能价值	产品性能改良； 制造流程优化； 设备运行监控	建筑物结构设计； 建筑物各类资源优化； 应急方案预演	器官状态监测； 心脏手术预演； 药物扩散模拟	城市规划辅助设计； 区域状态异常预警； 城市资源优化配置
发展阶段	由单设备设计、生产、运维到多设备互联、协同、优化	由单体建筑仿真模拟到建筑群资源优化配置	由单个脏器监测、模拟到多器官协同治疗	由单一城市监控、优化到多城市联动、资源配置

真的 3D 心脏模型，使外科医生可以更精准地规划最佳手术方案，从而让患者得到更好的治疗。

随着数字孪生与人工智能的进一步融合，二者的价值会更充分地体现出来，在越来越多领域发挥更重要的作用。企业要建立一套与物理世界实时联动的数字孪生体系，对各方面资源进行优化配置，打造数智化时代的新型发展模式。

2.4.3 企业如何制定 AI 战略

要想在数字化时代的竞争中站稳脚跟，企业就需要加强技术应用，制定出与数字化转型战略适配的 AI 战略。企业制定 AI 战略的方法如图 2.4 所示。

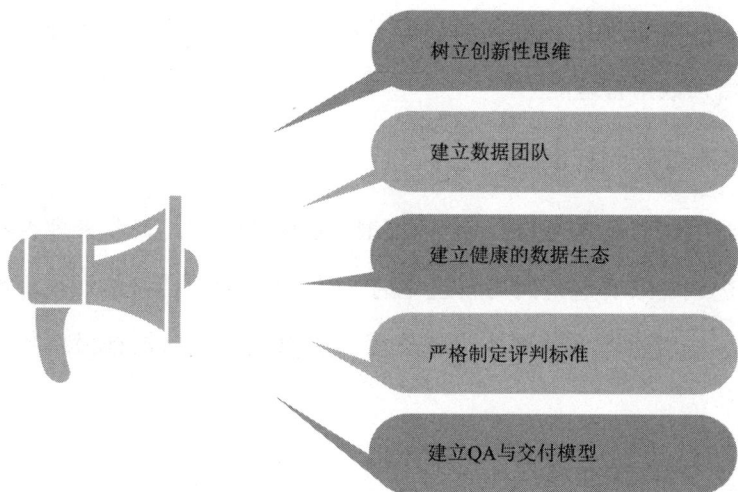

树立创新性思维

建立数据团队

建立健康的数据生态

严格制定评判标准

建立QA与交付模型

图 2.4　企业制定 AI 战略的方法

1. 树立创新性思维

企业的数字化转型是在不断探索中实现迭代升级的过程。就像进行科学实验一样，最初的论断会在探索的过程中被推翻，需要不断地利用最新数据提出新的猜想。因此，企业应该树立创新思维，不断提出指导性更强、可行性更高的发展目标，并制定相应的战略。

2. 建立数据团队

AI 战略的监督和管理工作需要交由专业的数据团队进行，团队成员需要具有业务、技术或者数据分析等方面的专长，并具有部署与维护管理系统的技术能力。只有这样，企业才能保证制定出的战略切实可行。另外，在战略的推进受到阻碍时，专业人员也能更快地分析与解决问题。

3. 建立健康的数据生态

AI 战略的执行建立在大量数据的基础上。因此，建立一个健康的、能够获取高质量数据资源的数据生态至关重要。这就要求企业在不牺牲数据安全的前提下，想方设法协调数据访问的灵活性，如引入语音、图像、文字等数据源等，增强数据管理能力。

4. 严格制定评判标准

大到对战略目标的要求，小到如何验证开发模型，企业管理者都需要与数据团队达成一致。这是因为新建立的 AI 模型会颠覆传统的质量标准，测试时的数据无法对生产实践产生指导作用，所以企业应该根据最新数据及时更新评判标准。

5. 建立 QA 与交付模型

完成部署后，企业需要将 AI 战略应用于 IT 实践中，并持续对其进行迭代与调整。在这个过程中，企业很难按照传统模式制订迭代计划，也很难精准预测数据的更新间隔。这就要求企业建立相应的质量保证（quality assurance，QA）和交付模型，并持续、稳定地对其进行维护，维护时还需要严格遵循初始的开发方式。

以上就是企业制定 AI 战略的要点，企业应该充分把握这些要点，借助 AI 实现人与机器的协同发展，抢占行业发展先机。

2.5　5G：提供高速、稳定的网络

随着 5G 技术的发展，很多企业都意识到了它的价值，将它应用到数字化转型过程中。5G 能够为企业提供高速度、低时延的稳定网络，助推企业数字化进程。

2.5.1　5G 推动新一轮发展浪潮

当前，5G 网络进入规模化部署的应用新阶段，推进了许多行业的变革。5G 网络能够提供传输速度更快、时延更低、更加稳定的网络，推动数字经济的发展。

中国信息通信研究院发布的《5G 经济社会影响白皮书》显示，预计到 2030 年，5G 将带动我国直接经济产出 6.3 万亿元、经济增加值 2.9 万亿元、就业机会 800 万个；在间接贡献方面，5G 将带动总产出 10.6 万亿元、经济增加值 3.6 万亿元、就业机会 1 150 万个。

5G 的惊人峰值速率和几乎为零的网络延迟为人们构建出一个全新的网络空间，逐渐渗透到各行各业中。5G 对经济产出的贡献主要表现在三个方面，如图 2.5 所示。

1. 直接贡献

从 5G 能够带来的最直接的贡献上看，5G 的全面部署能够有效带动相关产业的快速发展，其原因主要有三个：

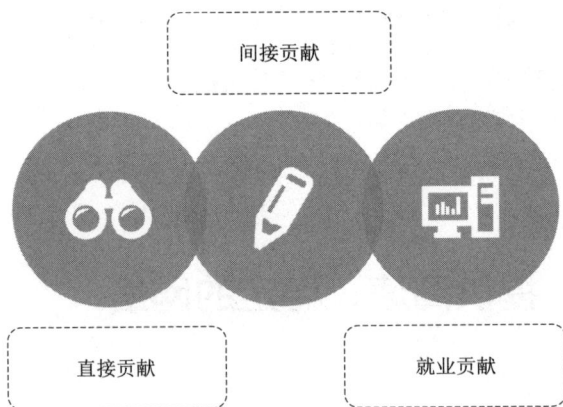

图 2.5　5G 对经济产出的贡献

（1）5G 部署和建网的过程需要厂商采购大量的相关设备，而这将直接带动我国基础设备制造业实现增长。

（2）5G 的全面部署推动人们进入 5G 时代，人们更换能够搭载 5G 技术的终端设备可以带动我国的手机制造产业实现经济增长。

（3）在 5G 时代，人们对各种衍生应用的需求更大，因此各大应用开发商致力于开发出更多适配于 5G 网络的新应用，相关的互联网、软件企业因此能够实现高速增长。

2. 间接贡献

5G 的全面覆盖将推动我国各行业的数字化转型。5G 与人工智能、大数据、云计算等技术结合，将会优化相关产业的研发设计、生产制造等流程，推动相关产业实现深刻变革。

传统行业在 5G 技术及其相关技术的支持下能够提质增效、优化产业结构，在降低成本的同时提升产能。此外，传统行业在 5G 技术的推动下能够实现创新，迎来新的机遇。通过各种行业之间的关联效应和波及效应，5G 对经济产出的影响会被进一步放大，能够带动各大行业和领域实现高水平发展。

3. 就业贡献

5G 将催生出许多全新的智能领域，其背后广阔的蓝海市场为人们创造了更多的就业机会。5G 的发展不仅能够带动通信领域发展，还能够催生出智能算法开发、智能设备研发、工业数据分析、相关行业应用解决方案等新型就业岗位。在 5G 技术的赋能下，就业模式更加灵活，而且更多的就业岗位意味着更多的经济产出。

2.5.2 企业如何应用 5G

通过引入 5G，企业可以变革内部的网络基础设施，为生产助力。当前，已经有一些企业尝试将 5G 融入生产线，提升生产的数字化水平。

例如，爱立信为奔驰"56 号工厂"提供 5G 服务，并利用 5G 变革了"56 号工厂"的生产线轨道。在"56 号工厂"中，等待组装的零部件均由自动导引运输车（automated guided vehicle，AGV）承载。AGV 会将零部件及时运送到指定工位上，使制造产能得到了极大的提升。

一些大型制造企业的工厂遍及全球，需要优质的 5G 服务来对这些工厂进行远程定位与操控，从而降低运营成本，提升工作效率。以这些工厂的维护工作为例，在数字化时代，此项工作通常由工人与智能机器人协作完成。

工厂中的每个智能机器人身上都会有一个 IP 终端，这个 IP 是独一无二且不可复制的。工人会根据需要向智能机器人发布指示，而智能机器人则会根据指示进行设备的自动化维护。智能机器人在进入工厂做维护工作时，工人无论身处何地，都可以在 5G 的支持下进行信息的接收与交换，并对智能机器人的操作过程进行实时监控。

例如，某工厂内部实现了 5G 网络覆盖，当设备出现问题时，系统会先上报给智能机器人，智能机器人拥有数据库，可以对数据库中的数据进行学习，找到合适的维修方案，整个过程不需要人为干涉。如果出现智能机器人无法完成的问题，系统会在第一时间指导智能机器人上报给工人。无论工人处于何地，都可以通过 5G 设备解决问题。

工人还可以通过 VR 设备对工厂中的智能机器人进行远程控制。智能机器人会尽快到达现场，对物体进行修复，并将相关信息同步给工人。5G 能够帮助工人与智能机器人在任何场景下处理各种繁杂的事情，如果需要多人进行合作式修复工作，5G 可以将全球各领域的专家借助 VR 设备召集在一起进行问题物体的修复。

5G 拥有较大的网络流量与较快的传输速度，可以满足海量数据交换的需求，其低时延特征保证了工人的指令可以及时、迅速地传达给智能机器人。总之，有了 5G，工人、智能机器人、原料、产品、设备都可以在数据库中实现连接，在需要解决问题时，依据数据分析结果，企业可以快速找到解决方案。

第 3 章

数字化转型关键能力构建

企业数字化转型需要一定的能力支撑。在进行数字化转型之前，企业需要衡量自身的数字化能力，并有目标地进行能力增强，构建起完善的数字化能力。在构建起完善的数字化能力的基础上，企业才能够通过数据驱动、业务整合等，实现业务创新。

3.1 数字化能力：数字化转型的核心能力

在当下的数字化时代，数字化能力已经成为企业的核心竞争力。其能够帮助企业实现各种流程的数字化，提升运转效率，让企业在竞争中占据优势地位。

3.1.1 从传统企业能力到智能化能力

随着技术的发展，各行各业迎来深刻的变革。企业需要了解数字化的发展趋势和技术发展情况，积极进行数字化转型。

在数字化转型趋势下，数字化能力成为企业综合实力的"试金石"。企业需要实现从传统能力向数字化能力，甚至向智能化能力的转变。

传统企业通常聚焦于流程优化与效率提升，认为只要这些方面有所突破，业务便能自然而然地实现增长。为此，它们倾向于将主要精力投在改进内部流程上，并引入各类系统以辅助完成一些基础、日常的工作，确保各项工作能够顺畅衔接。在决策层面，这些企业仍停留在依赖人力进行判断的阶段。

然而，在数字化转型的浪潮中，企业亟待实现从传统能力向数字化能力的跃迁。这意味着企业需更加关注敏捷性与协作性，通过创新融合的方式，使各业务板块与资源产生"化学反应"，从而实现规模与效益的双重提升。数据的采集与分析在此过程中扮演着至关重要的角色，成为推动企业发展的重要"引擎"。企业需将数据广泛应用于产品研发、生产、营销、售后等各个环节，紧密连接用户与产品、品牌。此外，数据还能辅助企业进行更为精准的决策。

在具备数字化能力的基础上，企业还应积极探索智能化能力。智能化能力可视作数字化能力的进阶版。为此，企业需要具备强大的学习能力，不断推动创新并积极拓展新的业务边界。数据和人工智能是智能化能力的两大核心驱动力，同时，移动互联网、云计算、区块链、数字孪生等技术也不可或缺。

在这些技术的加持下，企业的生产和决策呈现出人机共生的新形态。在生产环节，机器能够承担员工不便执行的任务，而员工对机器执行情况的监督管理所产生的数据又能反过来优化企业的业务流程；在决策层面，机器能够辅助管理者评估经营形势，提出决策建议，而管理者在实际决策过程中的反馈又能不断完善机器的数据模型。

综上所述，企业在追求数字化转型的过程中，不仅要努力提升数字化能力，还要将修炼智能化能力作为最终的目标。只有明确了这一方向，企业才能更好地应对市场的不确定性，做出正确的决策，最终实现转型成功。

3.1.2 数字化能力的价值创造

数字化能力影响企业的价值创造。具体来说，数字化能力可以在三个方面助力企业发展，如图 3.1 所示。

1. 优化业务价值链，提升效率

在传统企业中，业务往往由管理者直接管理和控制，这很可能会引发职权分配问题，影响员工的工作效率。具备数字化能力的企业可以将产品的加工、营销、交易等一系列业务环节通过人工智能、物联网等技术进行连接，实现效率提升，并节省业务成本。

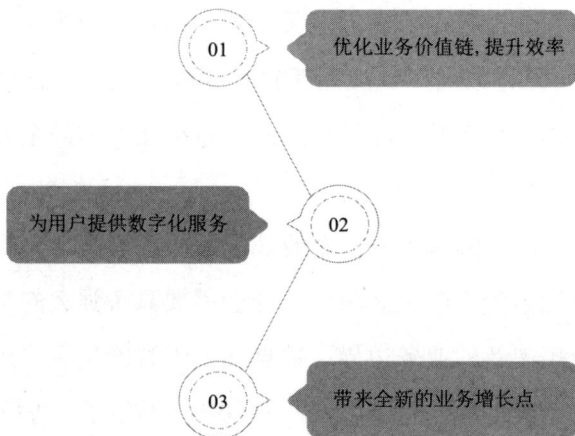

01　优化业务价值链, 提升效率

为用户提供数字化服务　02

03　带来全新的业务增长点

图 3.1　数字化能力助力企业价值创造

2. 为用户提供数字化服务

大数据、人工智能、云计算等技术极大地提升了数据的时效性, 使传统服务模式发生翻天覆地的变化。如今, 企业可以利用这些技术实现用户分类, 将产品数据和优惠活动精准地投放给有需求的用户, 用户也可以自行登录系统查询相关信息。

数字化能力帮助企业打破了时间和空间的界限, 为用户提供更舒适、更便捷的数字化服务, 最大限度地降低运营成本, 形成庞大的经济效益。例如, 海尔以优质服务闻名, 其数字化建设就是从服务开始的, 始终围绕优化用户体验为用户提供数字化服务。

为了持续提升数字化能力, 海尔打造了 U+ 智联平台, 实现了包括用户沟通、费用结算、售后问题分析、用户评价在内的服务全流程数字化管理, 获得了用户的支持和信任。另外, 海尔还推出了自主研发的 App "U+ 智慧生活", 将之前被动地为用户提供维修服务转变成主动为用户提供服务, 实现了用户无忧消费。

3. 带来全新的业务增长点

企业修炼数字化能力的一个关键目的是挖掘全新的业务增长点。企业可以从以下两个角度来挖掘全新的业务增长点:

(1)企业可以从用户角度出发,在原有的业务中寻找增量,挖掘更多潜在用户,逐渐扩大产品的市场覆盖率。例如,在电商领域竞争异常激烈的时代,拼多多强势崛起,依靠的就是从该领域中发现了蓝海市场,并找到了大量潜在客户,实现了稳定、高速的业务增长。当然,企业转变发展方向,从国内市场转而进攻国际市场,也可以找到业务增长点。

(2)发现全新的业务模式。为了获得数字化能力,有些企业会从根本上放弃原有的业务模式。例如,贸易企业转型开展互联网平台业务,从交易差价模式转变成服务付费模式;传统房屋中介服务商转型为房屋交易平台服务商,实现对整个价值链盈利的重新分配。这会使业务边界得到扩展,企业的效益也会由此增多。

数字化能力是企业在新时代的关键竞争力,但实现数字化转型只是企业发展壮大的手段,不是企业发展的根本目的。企业应该综合考虑自身实际经营情况及现有业务模式特点,更好地迎接转型过程中的机遇与挑战。

3.1.3 关于数字化能力的层次

企业数字化能力分为三个层次:赋能、优化和转型。下面将结合中国石化的案例,对这三个层次的数字化能力进行详细讲解。

数字化能力的第一个层次是赋能,即对传统的业务流程进行数字化赋能。中国石化通过搭建企业资源计划(enterprise resource planning,ERP)、智能管道、资金集中等数字化系统,实现了对企业管理模式的优化,企业的管控能力和运行效率得以提升。以智能管道系统为例,它让中国石化能够精准掌控3万余公里的管道,全方位提升了中国石化的巡逻效率、防盗能力以及面对突发事件的指挥能力。

在企业达到赋能层次后，其业务流程、设备装置等都会逐渐数字化，这也对企业数据的计算能力提出了更高的要求。达到数字化赋能层次的企业，业务流程更标准，组织架构更透明，员工的工作能力也会得到显著提升。

数字化能力的第二个层次是优化。企业达到优化层次后，就可以借助大数据技术实现对业务流程的优化，这可以有效提升企业的核心竞争力。例如，中国石化就利用技术打造了炼化项目的优化系统。这个系统可以针对供应商的技术特点为中国石化提供最优的原油采购方案，从而实现效益的最大化。此外，中国石化还在炼化装置中增加了过程控制系统。这个系统可以精准地控制生产，实现投入产出比的最大化。

达到优化层次的企业最大的特征是实现了数据资产化，这些企业可以将多年积累的数据沉淀为宝贵的数字资产，充分挖掘和利用数据的价值，从而促进业务流程的变革，最终使企业的组织架构更扁平。

数字化能力的第三个层次是转型，转型主要体现在企业的商业模式与运营模式的变革上。例如，在"石化e贸"正式上线后，中国石化的销售模式就从传统的渠道销售转变为新型的平台销售。此外，中国石化还可以利用摄像头自动监控人员滞留情况，使巡检模式从定时巡检转变为发现问题再巡检。

赋能和优化的本质是对现有业务的优化和改造，转型则是跨越现有的业务与领域，创造全新的商业模式。数字化转型的三个层次是递进的，也是相互交叠的，企业不仅可以分步骤进行，还可以同步推进。当企业达到转型层次后，就可以向其他合作伙伴输出经验与技术，以换取其他资源以及业务合作机会。

3.2　衡量数字化能力的三大维度

企业需要了解自身的数字化能力，明确自身所具备的优势能力和在哪些能力方面存在欠缺，只有这样，企业才能够有目标地提升自身数字化能力。企业可以从组织维度、运营维度、业务维度三个维度衡量自身的数字化能力。

3.2.1　组织维度

组织维度是衡量数字化能力的重要维度。在数字化转型的过程中，企业需要具备组织方面的数字化能力，为数字化转型提供保障。企业可以从以下三个方面出发，衡量自身在组织方面的数字化能力：

（1）组织架构规划。具备数字化能力的企业会建立与战略相符的灵活、有弹性的组织架构，以及敏捷的管理与响应体系。

（2）变革管理。很多数字化能力比较强的企业可以借助变革机制和创新理念，激发员工的活力和积极性，为员工持续学习提供推动力。

（3）数字人才与文化。数字人才是数字化转型顺利落地的保障，企业应该建立能满足数字化转型需求的数字人才团队，营造良好的文化氛围，鼓励员工投身于数字化转型工作。

为了让组织关系得到更好的管理和维护，企业要鼓励员工参与创新与决策，及时识别和抵御数字化转型风险，形成组织战斗力和持续发展能力。

例如，为了培养员工的开放性思维，谷歌引进了开放式办公空间设计。在谷歌，办公室内的配套设施包括滑梯、自行车、篮球场、乒乓球桌以及游戏设备，而且每间办公室都有独特的设计，员工不会感到无聊。而且谷歌还为员工添置了 Team Pods 工作舱，工作舱内配有桌子、椅子、白板以及储物柜，充分满足了员工对办公室的灵活性需求。

同时，企业要想打造组织维度的数字化能力，还要建立智能化人才培养体系和激励机制，鼓励员工独立思考。此外，管理者要具备智能化洞察和应用能力，培养员工的数字化适应能力，带领和引导员工践行数字化转型方案。

3.2.2　运营维度

想要顺利进行数字化转型，企业需要引入各种先进技术，实现精细化管理，不断提升运营效率。企业可以从以下四个方面出发，衡量自身在运营方面的数字化能力：

（1）无界沟通与知识服务。具备数字化转型能力的企业，通常会引进共享协作机制与平台，对知识资产进行全闭环管理，以提升知识应用和运营决策能力。

（2）流程自动化。数据沉淀可以推动流程自动化升级，帮助企业以智能化的方式实现流程重构及运营效率提升。因此，企业可以通过分析自身的数据沉淀情况来衡量自身的数字化能力。

（3）模型化风险预测。数字化能力强的企业会引进智能模型，对风险进行前瞻性预测，而不再像之前那样只能被动地处理和应对风险。

（4）精细化管理。精细化管理要求企业建立运营资源配置机制，实现运营自主优化。具备数字化能力的企业往往都可以做好精细化管理。

在运营维度，数字化能力比较强的企业通常会有统一、高效的沟通工具。该工具融合了即时通信、语音会话、视频连线、远程协作等多种功能，可以支持超大规模群组在线交流，让员工之间的沟通可以随时随地进行。企业还可以引进智能会议、AI 智能工作台、知识管理平台等办公系统，目的是让员工更紧密地连接在一起，实现从知识创造、沉淀、流动到应用的闭环管理，构建完善的知识资产体系。

字节跳动就非常重视对沟通工具的投入和应用，更换过多款办公软件。例如，飞书是字节跳动自主研发的一款内部沟通协作工具，2016 年立项，

2017 年底在字节跳动内部全面推行。2020 年，飞书面向所有企业免费开放，不限制企业规模和用户的使用时长，所有用户都可以使用飞书的全部功能。飞书的功能包括文档编辑、语音或视频会议、智能日历、云文档、云盘等，目前仍然在持续迭代一些新功能，如支持更多符号、支持用户进行可视化编辑等。

除了沟通工具外，建立风险管理模型和风险监控体系对企业提升数字化能力也很重要。前者可以帮助企业自识别风险偏好并通过风险指标量化风险，后者则可以帮助企业实现风险的多维度检测与自动化预警，保证企业可以及时处理风险，进一步提升企业的风险合规能力。

当企业开始重视运营管理时，则意味着其数字化能力已经进入一个新阶段。为此，企业还应该做一些比较重要的工作，包括建立共享服务支撑平台，对信息和数据进行沉淀和分类管理；通过智能工具形成机器规则，实现运营过程自主反馈，使运营目标与转型目标保持一致。

3.2.3 业务维度

除了组织维度和运营维度外，企业也可以从业务维度衡量自身的数字化能力。企业需要借助各种先进技术，实现业务创新，提升业务价值。企业可以从以下五个方面出发衡量自身的数字化能力：

（1）产品与服务创新。衡量自身的数字化能力，企业可以审视自己是否为用户提供了价值高、差异化优势明显的产品与服务，以及是否基于市场洞察和技术迭代实现了创新发展。

（2）个性化营销。企业要以用户为核心，积极引进智能算法等技术，以实现对用户的个性化与精准化推荐。这能有效拉近企业与用户之间的距离，有助于企业触及更广泛的用户群体。

（3）交互式用户体验。数字化能力强意味着企业可以为用户提供无缝交互的全生命周期体验，提升用户的参与度、满意度、忠诚度。

（4）自动化洞察与决策。人工智能、大数据等技术赋予企业一定的数字化能力。企业要借助这些技术深入消费场景，以"人机协同"的决策方式提升决策的前瞻性和科学性。

（5）业务在线与闭环。已经实现了全产业链布局的企业往往有比较强的数字化能力。此类企业可以快速开发业务应用，不断优化业务流程，提升业务重塑与优化能力，从而在激烈的市场竞争中保持领先地位。

数字化转型是一个逐渐深入的动态过程。在这个过程中，企业要及时评估自己的数字化能力，保证这个能力可以支撑数字化转型的顺利落地。

3.3　企业如何提升数字化能力

在数字化转型的浪潮下，企业需要瞄准数字化转型难点，有针对性地提升数字化能力，还需要从人才、数据等多方面出发，为数字化转型做好准备。

3.3.1　直面挑战，突破数字化转型的难点

在数字化转型的过程中，企业可能会面临一些难点。针对这些难点，企业需要有针对性地提升自身的数字化能力，以实现难点突破。

1.战略缺位，转型缺乏方向

面对复杂多变的商业环境，部分企业找不到正确的商业模式和竞争的着眼点。如果没有明确的商业愿景和清晰的战略规划，企业就难以明确数字化转型的方向，数字化战略部署具有一定的盲目性，从而出现战略缺位的问题。

战略缺位不仅体现在业务方向缺失上，还体现在业务掌控力缺失上。部分企业的数字化转型与业务发展完全是两个层面、两条线路，业务发展无法对数字化转型部署提供有效指导，数字化转型也难以赋能核心业务的发展。

要想突破这一难点，企业需要坚持战略为先，紧握业务。首先，企业要找到自身的竞争优势，明确数字化转型之路，重新定义未来的商业模式。其次，企业要基于业务构想制定数字化转型战略，动态追踪全局业务线和各职能部门的数字化转型进程。

2. 能力难建，转型难以深入

相较于信息化能力，企业进行数字化转型更需要能够支撑高效运营、持续创新和敏捷应对的数字化能力。一般来说，企业原有的管理制度较为传统，系统老旧，数字化转型没有坚固的根基。而在原有基础上改进管理制度、系统，往往与企业经营模式难以兼容，导致企业难以建立起数字化转型的稳固架构。

数字化转型需要具备数字化理念、技能和业务能力的人才提供支撑，而这样的人才极为短缺且培养难度大、周期长。在缺少人才支撑的情况下，企业难以构建强大的数字化能力。

要想突破这一难点，企业需要云筑底座，加速创新。上云是企业在数字化转型过程中迫在眉睫的任务，企业应积极构建云数据基础，使上云不再只是畅想。同时，企业需要重构数据。企业应该将数据转变为差异化资产，仔细梳理数据资产，建立有效的数据治理机制。

此外，企业应善于借助咨询顾问的力量。在进行数字化转型时，企业应积极从外部引入有能力、有经验的数字化专业人才来帮助自己完成转型任务。企业可以聘用一些关键技术人才作为项目骨干，如业务流程、商业模式等方面的专业咨询顾问。

3. 价值难现，投入无法持续

数字化转型是跨职能、涉及全业务的系统性、全面性改革工程。因此，短期内的投入可能无法触及企业经营核心，难以释放明显的价值。企业需要全面、深入地部署，先解锁数字价值，再最大化地释放数字价值。

数字化转型的系统性在一定程度上拉长了数字化投资价值释放的周期。部分企业急于求成，采用传统的绩效指标衡量数字化转型成效，而没有建立有针对性的价值评估体系。这导致企业难以对数字化转型价值做出准确的评估，进而导致企业对数字化转型失去信心，数字化投资持续性变弱，并形成恶性循环。

要想突破这一难点，企业应根据不同业务的特性，制定阶段性的价值评估体系，实现从战略、执行到评估的闭环管控。同时，企业要兼顾多重愿景，将利益相关者的实际收益纳入数字化转型价值评估体系，从而在数据治理、社会责任等方面塑造多方位的可持续优势。

虽然数字化转型的过程中困难重重，但企业要相信前途是光明的。企业应制定正确的经营战略，脚踏实地地提高自身的数字化能力，以量变的积累促成质变。

3.3.2 重新审视转型体系，培养数字化人才

数字化能力的建设离不开人这一关键要素。因此，企业需要重新审视自身数字化转型体系，积极培养数字化人才。

一些企业为了更好地顺应数字化转型趋势，与员工共同建立了互惠关系联盟。基于这一联盟，企业向员工明确："只要你让团队更有价值，团队就让你更有价值。"员工会的反馈："如果团队帮我壮大事业，我就帮企业壮大团队。"这样，员工致力于帮助企业取得成功，而企业持续提高员工价值。员工和企业双方都投资了这段关系，二者之间的联系也就更牢靠。

数字化人才培养训练营是互惠关系联盟的具体落地形式。若想构建一个功能完备的数字化人才培养训练营，首先，企业要在内部统一员工对数字化的认知。因为不同岗位的不同员工对数字化的定义不一样，对应该在什么时候开始数字化转型的认知也是不一样的。

同时，数字化转型是一个长期的过程，在这个过程中员工需要不断学习新的知识、新的资讯。企业需要与员工在数字化转型的认知上达成一致意见，让员工主动进行自我提升。

其次，企业需要明确自己需要什么样的人才。企业需要结合业务痛点和用户需求，优先培养稀缺人才。例如，缺少产品经理，就要对员工进行产品规划和管理等方面的培养；缺少工程师，就要对员工进行工程系统开发、设计、维护等方面的培养；缺少管理者，就要对员工进行人际关系、领导力、综合能力等方面的培养。

当然，无论是技术人才、业务人才，还是管理人才，在企业进行数字化转型时，都需要了解数字化服务管理实践。企业要确保培养出的数字化人才了解标准的数字化运行体系框架。换言之，无论是培养哪方面的人才，落脚点都是通过数字化为企业发展赋能和助力。

最后，企业要推动组织升级与人才落地。只有培训是远远不够的，市场环境复杂多变，员工培训所获得的知识和技能需要在实践中进行演练。企业可以通过将实际项目、业务场景与培训知识和技能建立关联性，使培训体系与实际业务产生连接。这样才能够让数字化深入每个员工的心中，才能将组织升级方案真正地实施下去。

构建数字化人才培养训练营的最终目的是推动企业的数字化转型。传统企业的培训往往是学 Excel、演讲，或者学习某个敏捷体系。而数字化人才培养的目的是在体系和战略层面实现企业的数字化转型，让数字化转型为企业赋能。企业对数字化人才的培养是要使一群人拥有统一的想法，使他们摒弃旧思维、拥抱新思维。这是一个变革的过程，也是人才与企业共同进化的过程。

3.3.3　将数据沉淀下来是当务之急

在数字化转型的过程中，如果企业能够将各种数据整合起来，实现数据的综合应用，就能够获得更大的竞争优势。因此，企业需要将数据沉淀下来，实现数据的集成。

数字化转型的本质是对业务流程的各个环节重新定义。企业的数字化程度决定了转型的起点以及核心路径，数字化程度越高的企业，实现数字化转型的核心路径也就越短。例如，传统企业需要在引进专业化工具，将数据集成、对接、打通后，将数据中台、业务中台等资源平台进行整合，最终实现协作生态构建。

随着技术的发展，企业关于用户行为的数据记录越来越详尽。如今，企业可以将各个渠道内蕴含用户的消费习惯、使用偏好、个性化需求等高价值信息的数据收集起来。如果企业能够将自有数据进行沉淀，并根据用户的行为偏好不断调整，就可以建立更精准、更立体的用户行为模型，从而为数字化转型提供有力的支撑。

在建立用户行为模型后，企业就可以更准确地了解用户需求，从而将产品信息和优惠活动精准投放给有需求的用户，为用户提供个性化服务，最大限度地实现用户转化率和用户活跃度的提升，增加企业的盈利点。

数据是实现数字化转型的关键，在进行数字化转型时，企业需要高度重视数据沉淀。如果企业能尽快完成数据收集、集成等工作，就可以有效增强数字化能力。因此，企业需要把握机会，综合考量自身的数字化实力，积极进行数据沉淀。

第4章

数字化转型目标与规划蓝图

在数字化转型之前，企业需要做好必要的准备；企业需要了解数字化转型的不同阶段；企业需要规避数字化转型的诸多陷阱。

4.1 必要准备：数字化转型前的三个思考

在进行数字化转型之前，企业需要认真思考三个问题：进行数字化转型的原因；自身的数字化成熟度；什么时候进行数字化转型。

4.1.1 分析数字化转型的原因

在数字化时代的发展趋势下，企业需要积极进行数字化转型，以占据竞争优势，避免被市场淘汰。具体来说，企业进行数字化转型的原因主要有五个，如图 4.1 所示。

图 4.1　企业进行数字化转型的原因

1. 外部环境发生改变

当前，经济增速放缓为所有行业带来挑战。企业面临比以往更激烈的市场竞争，亟待寻求新的发展模式，改变自身的处境。

2. 行业竞争不断加剧

在行业竞争激烈，用户需求越发多样化、个性化的背景下，企业的数字化能力提高，竞争力会增强。在数字化浪潮中反应迟钝的企业和竞争对手的差距会越来越大，甚至有可能被淘汰。

3. 提高核心竞争力

面对市场环境的变化，核心竞争力是企业能够稳步前行的关键。企业应坚持技术研发，不断挖掘发展新模式、新价值、新商机，通过数字化增强自身的核心竞争力。

4. 实现降本增效

《第四次工业革命对供应链的影响》白皮书指出，在不考虑金融影响的前提下，数字化转型将使制造业企业成本降低17.6%、营收增加22.6%。由此可见，数字化转型对企业降本增效有着积极作用。

5. 业务流程优化和再造

业务流程是企业经营过程中积累的一系列活动集合，是企业的宝贵经验和智力财富。业务流程执行效率会对企业发展产生至关重要的影响。当业务流程的各环节被定义之后，这些环节的信息被识别、采集和固化，实现流程信息化，而这正是数字化的基础。企业的数字化能力能更高效地推动业务流程的优化迭代，甚至还能识别现有流程中一些不易被察觉的问题和漏洞，实现业务流程再造。

业务流程数字化不仅可以作用于单个企业，还能作用于紧密合作的上下游企业生态。例如，阿里云凭借"ET 工业大脑"将江苏省 30 家信息服务企业的技术能力进行整合，为 300 家制造企业提供系统解决方案，使这些企业形成了具有信息高效流转、需求迅速响应、创新充分激发等特点的新型组织架构。

4.1.2　数字化 MAX 成熟度测试

企业的数字化成熟度不同，所需要的数字化转型规划是不同的。企业需要衡量自身的数字化成熟度，制定合适的数字化转型方案。

企业可以通过专业的数字化 MAX 成熟度模型对自己的数字化能力进行衡量，从而制定适合自己的数字化转型战略。数字化 MAX 成熟度模型根据数据使用情况的不同将企业分为六个级别，见表 4.1。

表 4.1　数字化 MAX 成熟度模型

成熟度级别	数字化现状	详细发展情况
第 0 级	未使用数据	决策层根据自身经验作出决策
		决策层数据意识缺乏
		没有数据分析工具
第 1 级	零散使用数据	无法处理大规模的数据
		使用数据的频率低
		使用数据的范围分散
		收集到的数据简单
		数据常用于统计报表
第 2 级	技术部门辅助决策	具有一些数据思维
		采购数据分析工具
		技术部门主要使用数据
		数据分析周期长
		分析结果无法实时响应

成熟度级别	数字化现状	详细发展情况
第3级	技术部门系统化运营	配备技术部门
		数据应用程序复杂、烦琐
		技术疲于应付简单的需求
		捕获商业机会的能力较低
第4级	业务部门数据化运营	业务人员使用数据
		数据分析方式单一
		业务部门和技术部门协同能力提升
		人力、物力等成本降低
		数据资产化
		商业机会捕获能力强
第5级	数据竞争力形成	商业模式得到创新
		完成数据资产沉淀
		加强了数字应用的深度
		拥有数据应用和实践经验
		数据驱动决策与人为决策配合
		拥有完善的数据人才培养体系
		数据、模型、应用资产沉淀深厚

1. 第0级

第0级企业既没有引入数字化工具，也没有将数据应用于日常运营工作中。这类企业完全没有认识到数据的重要性，通常由管理者根据过往的运营经验直接制定并下达决策。

2. 第1级

第1级企业是使用Excel进行数据存储和分析的企业。这类企业进行数据分析的频率较低，处理的数据少且零散，由此得到的分析结果也相对片面，无法为上层决策提供支持和帮助，也无法为企业的数据体系提供相应的支撑。

3. 第2级

第2级企业已经建立专业的数据分析部门。这类企业会使用商业智能（business intelligence，BI）分析工具进行决策，数据分析工作更具规模、更成体系。需要注意的是，BI分析工具有一定的技术门槛，通常只适用于技术部门，无法全面覆盖企业的各项业务，也很难实时响应业务人员的需求。

4. 第3级

第3级企业可以系统地使用数据，可以借助数据分析结果支撑业务升级。这类企业已经搭建比较完善的数据分析体系，组建了专业的数据分析团队，可以解决一些企业共通的数据问题。但由于其数据化运营成本过高，因此要想实现全面数据化运营的难度较大。

当数字化能力达到第3级时，企业需要处理的数据会大幅增加，对数据进行管理就显得格外重要。数据的整合、维护等环节需要业务部门、技术部门等多个部门配合完成。

在这个过程中，业务部门只需提出业务需求，模型建立、代码实现、运行检验等都由技术部门完成，若再由技术部分担其他工作，会严重损耗他们的精力，影响产品研发效率。同时，数据分析结果并未应用到企业的核心业务中，会对企业的数字化转型造成阻碍。

5. 第4级

第4级企业可以围绕核心业务进行运营，能够利用数据为业务赋能。这类企业通过将自身数据资产进行沉淀，实现了数据的良性循环，构建了比较完善的数据中台。业务部门可以利用数据中台自主完成大多数业务。

数据中台的构建推动了企业内部数据、模型、算法的共享，极大地提升了数据的传递效率，使每个部门都可以随时调用自己需要的数据。业务部门可以直接将数据上传至 BI 分析平台并获得分析结果，极大地减轻了技术部门的工作压力，使其可以将精力集中在对数据资产的梳理上，从而挖掘更多盈利增长点，加快企业的数字化转型速度。

6. 第 5 级

第 5 级企业能够利用数据实现业务的创新与变革。这类企业已经实现了数据资产的沉淀，将内外部数据打通，并据此制定先进、完善的数据战略，利用数据驱动业务发展。当企业发展到第 5 级时，就能够将自主研发的算法、模型、程序等转化为有价值的数据资产，形成独有的数据生态，使每位员工都可以快速获取相关数据。同时，企业的数据运营思维、数据人才培训体系也趋于完善，数字化能力进一步提升。

企业可以根据数字化 MAX 成熟度模型判断自己的数字化能力，了解自己在数字化转型方面存在哪些优势和劣势，明确数字化转型的重点和难点，制定科学的数字化转型方案。

4.1.3　什么时候进行数字化转型

企业进行数字化转型的成本较高，会面临很多阻碍。因此，在进行数字化转型时，企业需要明确一个合适的时间节点，以减少数字化转型的阻力。

其实,企业进行数字化转型的时间越早越好。根据剪刀差理论和马太效应，企业越早开始数字化转型，可以尝试的路径就越多，一旦转型成功，就有很大机会能成为业界翘楚，引领整个行业的发展。

1. 剪刀差理论

企业数字化转型是一项长期工程，需要一定的时间才能看到效果。初期数字化转型成本高于人力成本，但随着时间的推移，在经过某一节点后，数字化转型成本会降低，人力成本会逐渐升高。此时企业的数字化能力会极大地增强，如图 4.2 所示。

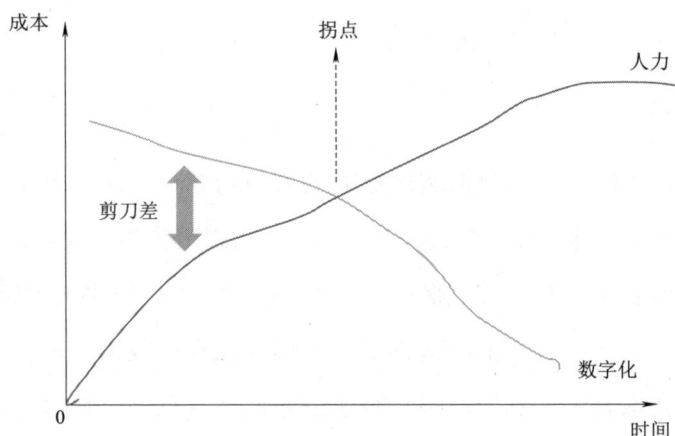

图 4.2　剪刀差理论

因此，企业要趁早进行数字化转型，这样才能实现更好的发展。

2. 马太效应

马太效应指的是一种强者越强、弱者越弱的现象。在数字化转型过程中，数据成了新的生产要素，与资本、技术、劳动力等一样重要。当企业扩大规模时，数据展现出来的优势会越来越明显。如果在发展初期企业就重视数据，那么其后来的数字化转型之路会很顺畅。

虽然数字化转型的时间越早越好，但现实情况是有的企业尚未开始转型，而有的企业已经成功实现数字化转型，并进入了稳步发展阶段。这些企业分布在不同的行业，这也就意味着不同行业的数字化转型进程其实是不同的。

例如，媒体、金融等行业发展较为成熟，且受数字经济的影响较深，这些行业中的企业较早开始数字化转型；低端制造业、传统零售业等传统行业受数字经济的影响较小，进行数字化转型的企业较少。

那么，不同的行业是否存在最佳的数字化转型时间？企业是否应该在同类企业都进行数字化转型时再采取行动呢？这两个问题的答案都是否定的。

实际上，数字化转型就像一场田径竞赛，先到终点的人就是胜利者。转型成功的企业有更多机会建立颠覆行业的竞争优势。正因为如此，尚未开始数字化转型的企业必须尽快采取行动，着手转型。

4.2　从初级到高级，拆解数字化转型不同阶段

企业数字化转型存在不同的阶段。在不同阶段，企业需要做的事情是不同的。企业需要先进行数字化战略研究，进化为数字化企业，然后再优化商业模式、加强商业模式管理。

4.2.1　初级阶段：研究数字化战略

在数字化转型的初级阶段，企业需要梳理未来的发展规划，制定完善的数字化转型战略，并推进战略的落地。下面以某银行的数字化转型战略为例，讲解企业在这一阶段需要做好的事情，见表4.2。

表 4.2　某银行的数字化战略

战略愿景	深度用户经营	丰富产品服务	推动产能提升	加速渠道转型
发展目标	新客转化率提升20%； 老客流失率降低20%； 金卡以上用户数（>5万人）	资产管理规模（asset under management，AUM）突破7 000亿元； 贷款收益率提升30%； 信用卡发卡量增加10万张	零售网均存款贡献率达到40%； 零售网均收入提升200%； 销售团队人均产能提升20%	线上用户覆盖率达到90%； 用户端活跃用户达到50%； 移动收单带动零售存款500亿元； 客服中心营收提升10%

战略愿景	深度用户经营	丰富产品服务	推动产能提升	加速渠道转型
战略路径	①新客获取； 批量获客推荐计划。 ②新客转化； 新客营销活动体系； 新客专属产品包。 ③存量用户提升； 用户分层经营； 战略客群经营。 ④流失用户挽回； 流失用户定向优惠； 大数据流失预警	①丰富负债产品； 丰富创新存款产品； 定期存款差异化定价； 依托财富管理实现资金沉淀。 ②实现跨越式发展； 发展零售资产业务，提升资产业务收益率； 丰富小微产品体系，深化用户经营； 个人业务发展综合消费类信贷。 ③做大中收业务规模； 加强财富管理； 加速扩张信用卡； 差异化费率定价	①精细化、专业化销售管理； 军事化目标管理； 自动化过程管理； 精细化团队管理。 ②搭建营销体系，创新营销方式； 打造营销管理体系； 用大数据驱动营销	①线下渠道优化推进网点轻型化转型； 渠道画像； 渠道赋能。 ②线上渠道创新迭代升级线上渠道，全面提升用户体验； 用户服务中心职能转型。 ③线上线下一体化经营； 线上精准定位高潜力用户； 线下网点引流至线上虚拟店

第一步，明确战略愿景。

在企业数字化转型的过程中，蓬勃发展的数字技术会促使企业现有的商业模式发生变化。因此，企业需要明确自身战略愿景，如提升运营效率、增强用户黏性、创新产品品类等，并根据战略愿景细化发展目标和执行路径。

数据仓库、业务上云、万物互联、产业互联网等都是数字化转型的代名词，它们没有改变整个行业的内容、性质，只改变了企业的经营方式。传统的企业主要依靠人工经营，新型的经营方式可以轻松地实现数倍的效果，最终形成全新的商业模式。

第二步，拆分战略目标。

在完成对战略愿景的梳理后，企业就需要将其拆分为各个环节的目标。例如，某零售企业在制定下一个阶段的销售目标时，需要先对本阶段的销售情况进行复盘，并根据市场的发展趋势、供应商的变动等进行制定。之后，企业还要以季度、月份、部门为单位对其进行细分，确立每个阶段的销售目标。

第三步，细化战略路径。

在将整体战略愿景拆分成数个阶段性目标后，企业还需要对目标的实施路径、执行团队等有清晰的认知，从而确保战略目标能够有序地推进。同时，企业还需要综合考量执行团队的结构以及员工的个人能力，从而有目的地配置资源，使实施路径具象化。

在战略推进的过程中，数字技术可以帮助企业更好地优化现有的业务模式。如果企业不能合理运用数字技术，就无法借助转型建立优势。企业需要充分利用数据仓库、业务上云、万物互联、产业互联网等推动业务进一步发展，满足用户的深层次需求，创造更大的商业价值。

4.2.2　中级阶段：变身数字化企业

在数字化转型的中级阶段，企业需要充分利用数字技术，为运营赋能，实现从传统企业到数字化企业的转变。具体来说，企业需要通过以下方法将数字化转型战略落到实处，实现向数字化企业的进化。

1.设计合理的业务架构

企业需要梳理当前的业务架构，结合数字化转型战略进行业务架构调整，从而设计出与数字化转型战略相符的业务架构，以推动数字化转型战略落地。

2.基于业务架构，设计、研发数字化产品

有了合理的业务架构后，企业就可以找出其中相对薄弱、需要通过数字化产品进行补全的环节，如财务结算、客户管理、生产运营等环节。需要注意的是，无论是企业自主研发数字化产品，还是从外部购置数字化产品，都要以业务架构为基础。

3.打造数据资产底座／中台

通过数字化产品将薄弱环节补全，使其实现线上化、数字化后，企业就

可以打造数据资产底座（也可以称为中台）。企业需要借助数据资产底座对那些有价值的数据进行整理、整合、建模。

4. 从宏观到微观对数据进行分析和洞察

有了数据，就有了分析数据的条件和基础。借助越来越成熟的大数据、人工智能等技术，企业可以从数据中找到问题和规律。同时，基于数据分析结果，结合一些确定性因素，企业可以更好地应对未来的不确定性，从而对自身发展情况进行预测。

5. 要将数据应用到业务进化中

企业要将数据分析结果以可视化报表的方式展现出来，以便更好地优化和调整业务流程及业务预警方式。企业需要通过各种数字化产品让数据应用到业务中，从而实现"数据从业务中来，到业务中去"。

数字化转型对企业发展的作用是不言而喻的，任何企业都需要依赖有效的信息来进行决策和运营，以解决开发什么产品、产品面向什么市场、招聘什么样的员工等问题。这些问题都体现了企业对有效信息的掌握和利用。当企业掌握的各种信息都呈现出数字化趋势时，如果企业不及时进行数字化转型，就有很大概率被时代淘汰。而在转型过程中率先拥有数字化能力的企业，将获得以下几点优势：

（1）更好、更全面、更及时地看清业务现状，从而增强自身优势，弥补短板。

（2）通过数据分析更有的放矢地优化业务流程，从而实现降本增效。

（3）更高效地连接上游供应商及合作伙伴，整合资源。

（4）更好地了解和服务用户。

数字化转型具有动态变化、可持续的特点，没有明确的终点。只要企业还在正常运转，就可以利用数字化思维、技术和产品，不断地进行业务优化，从而不断提升自身竞争力。

4.2.3 高级阶段：加强商业模式管理

商业模式的好坏能够决定企业经营的成败。在数字化转型的高级阶段，企业需要加强对商业模式的管理。关于商业模式，企业需要明确以下几点：

1. 商业模式不仅仅是盈利模式

很多人认为商业模式就是盈利模式，实际上，盈利模式只是商业模式的一部分。虽然盈利模式很重要，但其并不是商业模式的全部。企业不仅要找到赚钱的点，还要明白赚钱的逻辑。不同的企业可能盈利模式是一致的，而商业模式却不同。

2. 商业模式重视与利益相关者的关系

好的商业模式会把各个利益相关者都巧妙地联系在一起，平衡各方的利益。如果对某一方明显不利，那么这种商业模式就不会持久。而这种可能对某一方不利的情况为商业模式创新提供了机会。例如，360安全卫士正是基于原有模式的不利点，重新构建了模式中相关利益者的关系，成功推动了商业模式的优化。

3. 商业模式给了企业重新审视资产的机会

在当今时代，企业资产已经不能支撑企业构成竞争壁垒了。现代大部分优秀企业都是轻资产企业，因为固定资产会产生折旧损失，还会占用很多资源，而实际上企业不需要那么多固定资产。因此，在商业模式设计中，企业可以考虑将固定资产重新整合，以实现减负、提高经营效率。

4. 需要与竞争对手的商业模式进行比较

企业需要通过比较来评价商业模式的好坏。如果一家企业先建立了某个成功的商业模式，那么其他企业通过模仿而获得成功的概率是非常小的。除非其他企业能找到特别有区分度的定位，否则难以实现超越。

5. 商业模式需要将用户纳入系统

移动互联网蓬勃发展，使得企业与用户的沟通成本、企业获取用户认知的成本都有所降低。一个好的商业模式需要多考虑与用户的互动问题，让用户能获得参与感与良好的体验。

4.3　错误认知：规避数字化转型的陷阱

一些企业对数字化转型存在错误认知，容易掉入信息化的陷阱。还有一些企业没有"牵头人"坐镇，数字化转型工作混乱。此外，对转型成本预估过高也是很多企业容易犯的一个错误。企业应提前了解数字化转型相关内容，以规避陷阱，顺利进行数字化转型。

4.3.1　掉入信息化的陷阱

一些企业将数字化与信息化混淆，只是通过各种手段将线下业务迁移到线上，就认为实现了数字化转型。事实上，信息化与数字化完全不同。

信息化是指将企业的生产过程、人员管理、财务信息等业务过程，通过各种信息系统进行加工，生成新的信息资源并进行存储和管理。例如，企业通过员工管理系统对员工进行电子建档、岗位调动等。

信息化可以使企业随时了解业务动态，从而及时地调整决策，合理配置资源，提高应对风险的能力。实际上，信息化就是将企业的业务流程加以固定，自动生成业务记录，提高基层员工的工作效率和企业的整体效益。

数字化是基于大量的数据，对企业的业务流程、组织结构等进行数学分析与建模，反作用于企业的战略指导。数字化实际上是一个机器学习的过程，机器、系统反复、大量地学习企业的生产、管理、运营模式，利用数字技术不断地模拟这些流程，寻找生产要素与生产关系的最优排列组合，重构企业的价值。

数字化与信息化的区别主要表现在以下几个方面：

（1）信息化的根本目标是通过一系列信息系统，提高工作效率，它的最终落脚点在于企业管理。数字化的根本目标在于解决企业的生产、经营问题，推动企业实现全方位升级。因此，信息化主要体现在各部门内部，如人力资源部门的员工管理系统、财务部门的财务系统，很少有跨部门的应用。而数字化则是在企业内部各部门、各业务流程之间完成数据信息互通，打通交流壁垒，为业务赋能。

（2）虽然企业在信息化过程中也会收集大量数据信息，但这些数据信息分散在各个部门、各个流程中，没有被集中整合，因此没有发挥出应有的价值。而在进行数字化转型时，数据信息成为一种生产要素，成为企业的资产，企业需要利用各种技术、设备将其集中整合，使其发挥出应有的价值。

（3）信息化系统最大的问题在于没有建立连接，无论是企业内部各部门之间的连接，还是企业与企业之间的连接，抑或企业与用户之间的连接，都没有建立起来。因为它并没有得到互联网、物联网等技术的赋能，所以信息化系统的单打独斗注定它不能迅速对多变的市场环境做出及时的反应。数字化系统则建立在互联网平台上，无论是企业内部还是整体环境，都能够实现有机互动，对工作效率赋能，实现降本增效，帮助企业重构新的价值体系。

总体而言，企业的数字化转型建立在信息化的基础之上。如果没有信息化系统作为基础，就无法直接建立功能完备的数字化系统或设备。数字化转型要以信息化系统所收集的数据为基础，数字技术会打通各节点之间的壁垒，提高企业的管理效率，优化企业的生产方式，重构企业的价值体系。

4.3.2　仅没有"牵头人"坐镇

要想顺利推进数字化转型战略，企业内部就需要有一个合适的"牵头人"。有了"牵头人"的领导，数字化转型战略才能顺利推进。在推进数字化转型战略的过程中，董事会和 CEO 起着重要作用。

董事会通常会通过以下几种方式实现数据的整合、分析及应用，从而全面推进企业的发展规划，加快企业的数字化转型进程。

1. 梳理数字化转型方案

董事会是整个企业组织架构的顶端，其工作重点在于制定战略。但在数字化转型的过程中，除了要制定企业发展战略外，董事会还要持续跟进数字化转型过程，并根据战略执行情况及时调整转型方向。因此，董事会要对数字化转型的整体方案进行梳理，并以行业发展的趋势和企业的业务特点为基础，确立战略目标及阶段目标。

2. 设立监督组织

持续跟进转型过程要耗费大量的时间和精力，对此，董事会可以设立专门的监督组织，用于了解转型进程及效果，为后续的战略制定提供更多的参考依据。

作为战略制定者，董事会一般不会直接参与数字化转型的具体工作。因此，董事会还要选择合适的人才作为执行团队的成员，从而保证执行团队的业务能力及调控能力。

3. 聘请数字化人才

数字化浪潮不仅会颠覆传统行业的业务模式及管理模式，还会对董事会的组织架构产生影响。为积极应对数字化转型带来的挑战，董事会要聘请数字化人才，增强决策的科学性和可行性；引入拥有数字化转型经验的新成员，优化组织架构，制定有利于数字化业务执行的模式及制度，从而由内而外地推动数字化转型。

在企业进行数字化转型的过程中，董事会还要依据企业的业务特性判断转型目标是否合理，并利用技术优化企业的业务和产品，借鉴行业领导者的数字化转型措施，充分挖掘数字化转型的价值，助力企业在激烈的市场竞争中立于不败之地。

除了董事会外，CEO 也是企业数字化转型的重要"牵头人"。CEO 可以通过搭建数字化组织架构的方式协调各方资源。企业的组织架构是企业进行资源分配、业务开展、落实管理制度的基础。组织架构的搭建，可以增强团队的协作能力，使不同员工之间的配合更默契、更规范，从而提升团队的整体工作效率。

在搭建组织架构的过程中，CEO 要对团队的职能进行梳理，并根据每个员工的岗位为其分配不同的工作内容。另外，CEO 还要考虑数字化转型的预算、成本、现有技术水平及当前的经营模式，从而有序、稳定地推进数字化转型。

在组织架构搭建完毕后，CEO 就要选择各项业务的核心负责人。选出的核心负责人要配合 CEO 搭建组织架构，并带领团队积极应对数字化转型过程中的挑战。这样不仅加强了各位领导的合作与交流，还为实现信息共享和资源协作奠定了坚实的基础。

4.3.3　对转型成本预估过高

很多企业都认为进行数字化转型需要付出很高的成本，因此迟迟不愿进行数字化转型。事实上，企业可以通过一些方法降低数字化转型的成本，快速推进数字化转型战略。

1. 利用"共享"市场信息分析平台

如今，影响消费者购买产品的因素非常多，这要求企业具备强大的信息收集及分析能力。然而搭建信息收集及分析系统需要耗费很多时间、精力、财力，只有少数头部企业可以做到。中小企业可以选择与市场信息收集、分析方面的平台服务商合作，降低自建信息收集及分析系统的成本及风险。

2. SaaS 模式

一般来说，进行数字化转型的企业都需要一套复杂的系统来完成数据收集、分析以及趋势预测。这套系统从设计到投入使用，最少需要半年的时间，而且企业还要留出各个部门适应系统的时间。也就是说，大约需要一年时间，才能初步看到系统的成效。

而市场情况瞬息万变，一年前的系统可能已经不能满足当下的市场需求。对此，企业可以使用 SaaS 模式，通过租赁的方式，快速上线系统并快速使用。这样既避免了系统设计和使用脱节的问题，又能降低企业数字化转型的成本。

3. 小步快跑

在数字化转型的过程中，很多企业都想一步到位，但这样会导致转型成本大幅增加，也会导致产出周期长、能效低。资金不足的企业切忌照搬大企业的实践经验，而是要根据自身实际情况，从最能看到产出的地方开始转型，由点及面，逐步铺开，从而降低转型的风险。

数字化转型不是一蹴而就的，控制好风险和成本，企业才能在激烈的市场竞争中稳步前行。

第 5 章

数字化转型执行方案实操

在设计好数字化转型战略之后，企业就需要积极推进战略。在这方面，企业需要制定完善的数字化转型方案，选择合适的数字化转型模式，关注转型过程中成本控制、数字化生态建设等要点，并加强中台建设。

5.1　选择合适的数字化转型模式

数字化转型模式有很多，如精益模式、增强模式、跃迁模式等。在推进数字化转型方案落地的过程中，企业需要选择合适的数字化转型模式。

5.1.1　精益模式：低成本，高收益

精益模式指的是以精益思维指导企业的数字化转型，在较少成本投入的情况下，获得更大的效益。精益模式可以覆盖企业的方方面面，实现精益管理、精益生产、精益服务等。企业要想正确应用精益模式，就需要注意五个方面。

1. 原则

精益数字化转型需要企业从意识、认知上真正了解数字化转型的意义，明确数字化转型的目标，并掌握数字化转型的具体方法。即企业需要清楚在数字化转型中应该做什么事，解决什么问题，取得什么样的成果。同时，企业所有的活动都要始终以用户需求为中心、以数字技术为手段、以人才为依托、以数据为资产。

2. 基础

精益数字化转型的基础是流程数字化，即依托各种数字技术收集企业运营数据，如市场变化数据、产品生产数据、管理数据、用户体验数据、机器

运转数据等。企业需要借助数据绘制市场变化全景图、生产全景图、产品全景图、运营全景图和用户全景图等，并通过全景图分析并总结整体运营中存在的问题。

3. 目标

精益数字化转型的目标是改善企业生产经营中存在痛难点的链条和环节，并集中人力、物力、财力，解决企业生产经营中的核心问题，如组织架构、运营模式、管理效率、市场推广、工作资源等。企业要通过多方调研，明确业务发展需求，确定数字化转型范围和方向。

4. 配套

在数字化转型过程中，企业作为一个整体的组织，需要打通数字化转型相关配套的业务链条和管理环节。具体来说，凡是与企业数字化转型相关的环节都是企业需要重点梳理的对象。

5. 实行

企业要勇于突破存在即合理的思维局限，对问题和一些异常现象进行追本溯源。同时，企业需要规范数字化业务的整体流程，明确数字化转型的内容和形式，实现信息链条的全连接，重构经营管理新模式。

总之，精益模式需要企业以精细、缜密的思维方式做出决策，在数字化转型的过程中，企业还要注重调整细节、解决核心问题。

5.1.2 增强模式：以数字化升级为目标

增强模式的重点不是对企业战略或商业模式进行变革，而是聚焦企业经营全场景，对企业进行整体赋能，实现企业经营的多方面数字化升级。

在企业内部全面推进数字化转型是增强模式的主要特点，给企业数字化业务和能力带来极大考验。将企业战略作为转型的第一焦点是增强模式的主要体现。增强式转型往往是由企业的数字化专家和中层骨干共同推动完成的，增强式转型更加系统化、规范化，能够更快地展现数字化转型的价值。很多企业倾向于采取增强式转型策略，推动转型战略整体、快速地落地。

在转型之初，企业需要保证数字化转型战略是清晰且明确的，这样战略才能快速落地，并与数字技术适配。如果企业无法建立这种适配性，那么很可能导致两个问题：一是数字化转型达不到理想的效果，企业对数字化转型的价值产生怀疑，变革信心受挫；二是导致人力、资金和资源的浪费。

例如，某企业从组织、流程、制造等多个层面开展数字化转型，但一段时间过后，其总体业绩没有明显的提升。原因就在于该企业没有清晰的数字化转型战略，转型缺乏明确的目标，因此难见成效。只有拥有系统、清晰的战略，并确保战略是正确的，数字化转型才有意义。

5.1.3　跃迁模式：深刻的数字化变革

跃迁模式指的是对企业的商业模式、管理模式、服务模式等进行多方面的深刻变革，推动企业实现数字化跃迁。这种转型模式对企业来说是十分具有挑战性的。

采用跃迁模式进行数字化转型的企业需要秉持更加审慎的态度，对外部商业环境、内部运营环境和自身的数字化能力进行综合评估，具体可以从三个维度入手。

1. 文化维度

跃迁式数字化转型需要企业具备强大的文化基础，主要包括以下几个方面：

（1）变革型文化。即员工拥抱数字化文化，将变革的热情和动力带到工作中去。

（2）试错型文化。即鼓励员工不断尝试和探索数字技术的运用。在此过程中，企业要允许探索失败，鼓励员工对失败进行反思，将错误转化为"有价值的错误"。

（3）数据型文化。即企业要相信数据的价值和力量，促使员工将数据利用发展为一种普遍的、基本的工作能力。同时，企业管理者不能过于相信自己的直觉和经验，而应该以数据分析结果为依据作出决策。

2.领导力维度

跃迁式数字化转型对企业来说是一场巨大的变革，需要企业管理者明确企业的数字化目标和愿景，并具备坚定的意志和强大的意愿持续推动企业的数字化转型，为企业各层级、各部门提供强大的资源支持，鼓励员工参与到数字化转型探索中。

3.能力维度

跃迁式数字化转型需要稳固的数字化能力，否则数字化转型的目标很可能会成为空想。企业需要评估自己的数字化能力，包括软硬件设施支撑能力、数据治理水平、人才综合能力等。数字化能力需要经历长时间的建设过程，企业需要引进新型数字技术，促进技术的升级和迭代。在引进技术的同时，企业也要考虑所要引进的技术是否符合自身的实际需要，是否与自身的能力相匹配。

跃迁式数字化转型有利也有弊，企业在选择跃迁式转型模式时要认真审视以上三个维度，从而更好地挖掘数字化转型的价值，把握发展机遇。

5.2 数字化转型两大要点

在数字化转型的过程中，企业需要注意两大要点：优化数字化转型各环节，实现成本控制；积极寻找战略合作伙伴，搭建数字化生态。

5.2.1　多环节优化，实现成本控制

在数字化转型的过程中，企业需要综合考虑数字化转型价值与风险的关系，对各环节进行合理优化，以节省数字化转型的成本。以格力电器为例，其在数字化转型的过程中就从多方面实现了成本控制。

格力电器是我国最早一批在研发环节采用计算机辅助工程（computer aided engineering，CAE）系统的家电制造企业之一，在采用浪潮提供的天梭计算集群之后，CAE 系统的计算效率得到了大幅提升，产品的运维成本随之下降。在制造方面，格力电器借助其特色化的智能制造系统，连接整个产品生产过程中的全部数据。

智能化生产车间可以对格力电器的数据进行综合分析，实现生产过程的可预测、可调整、可追溯，大幅降低了生产运营、物流监管等方面的成本。格力电器的管理逐渐向线上迁移，管理者可以远程监督和下达指令，大幅提升了管理效率，为格力电器价值链的优化奠定了坚实的基础。

品种齐全、繁多是格力电器产品的特点。格力电器的不同产品所需的材料存在差异，如何使生产过程中的各环节高效运转，降低生产和管理成本？针对此类问题，格力电器通过智能生产线对各生产环节中产生的成本进行数字化监管。格力电器打造成本管理平台，对供应链生产环节中产生的各项成本进行实时监管和分析。

格力电器以生产空调为主，其他智能生活电器为辅。面对空调零部件价格持续上升的情形，格力电器建造了自动化厂房，对费用、原料等进行智能化控制。格力电器通过数字化、智能化的生产节约了大量成本。

格力电器制定了智能制造的战略规划，致力于通过智能制造转型升级节省制造成本。格力电器自主搭建大数据平台，该大数据平台具有数据存储、

数据挖掘、数据分析等作用，推动了格力电器在研发、生产等方面的数字化升级。格力电器围绕智能制造发展战略，结合工业制造的多种场景，加速推进人工智能应用的建设，并深入布局智能办公、智能识别、智能检测，推动人脸识别、岗位行为识别、工业视觉监测、物料智能检测等数字化应用板块加快落地。

数字化、自动化、智能化贯穿格力电器生产过程中的多个环节，不仅节约了大量成本，还大幅提升了生产效率，获得了规模效益。

5.2.2 寻找战略伙伴，搭建数字化生态

数字化转型不是某一家企业的需求，而是时代浪潮下，诸多企业的共同需求。面对共同的需求，企业可以积极寻求战略合作伙伴，搭建数字化生态。企业间的合作可以降低数字化转型的风险，扩大数字化转型所带来的盈利空间，推动彼此的数字化进程。在这方面，酒店品牌轻住集团做出了良好示范。

自成立以来，轻住集团已覆盖全国 200 多个城市，开办了 3 000 余所酒店，并积极寻求战略合作，与合作伙伴共同发展。2021 年 4 月，轻住集团宣布与多家企业达成战略伙伴关系，其中包括雷神科技、携住科技、小帅科技等多家能有效提升用户体验的智能服务型科技企业。此次合作将多种不同风格的品牌连接起来，提升了与用户的适配性，全面拓宽了轻住集团的增值渠道。

近年来，整个酒店行业都在积极推动产业结构升级，其用户群的消费行为也开始从产品消费升级为场景消费。轻住集团尝试通过引入战略合作伙伴的方式，打造更为完善的数字化生态网络，以实现双方共同发展。

在引入战略合作伙伴后，轻住集团在酒店运营、用户体验等多方面得到显著提升。随着合作的深入，轻住集团将充分发挥战略合作优势，持续提升品牌价值。

得益于和战略合作伙伴的友好合作，轻住集团市场扩张的速度大幅提升，

快速实现了数字化转型。企业应该将合作伙伴视为数字化转型的战略基石，与合作伙伴共享发展红利，共建智能生态，在合作中寻求双赢。

5.3 建设多元中台，实现数字化创新

企业要想做好数字化转型，搭建中台是关键。基于强大的中台，企业可以实现资源的集中配置、数据的共享，以及数字化转型过程中各部门的协同。

5.3.1 三大中台，实现数字化驱动

中台能够为企业各部门提供能力支持，协调各部门运作。企业可以构建三大中台。

1. 数据中台

数据中台能够实现企业数据的连接，最大限度地汇集数据，并通过算法为企业进行智能决策提供支撑。同时，数据中台能够提升数据的准确性，为企业的数字化转型提供数据基础，降低了企业数字化转型的成本和门槛。以下是建设数据中台的四个步骤：

（1）数据资源规划。对数据资源的合理规划是建设中台的前提条件之一，完善、精准的数据资源是建设中台的有力保障。企业应对现有数据资源进行统计，并针对统计结果规划可以掌握或应该掌握的数据资源，构建资源规划体系，并保证规划的科学性和合理性。

（2）数据应用规划。企业应基于自身的技术条件和战略方案，进行系统的数据应用规划。首先，企业应从业务线、业务层级、业务岗位等方面入手

梳理数据需求；其次，企业应分析并总结企业需要构建的数据应用；最后，企业应建立数据应用评估模型，通过评估结果确定数据应用的落地路径。

（3）数据资产建设。数据资产建设是数据化建设的关键环节，是数据化建设前期庞大且复杂的基础层模块。数据资产建设主要包括技术建设、数据仓库模型建设、数据抽取和开发、任务监控与运维、数据质量校验、数据应用支撑等。

（4）数据组织规划。中台的建设需要具备一定战略高度的数据化组织来推进。IT 部门、战略部门等都可以被培养成优秀的数据组织。企业需要将组织作为数据中台落地的关键，将组织作为中台建设的重要抓手。

企业在建设数据中台的过程中应对各个环节逐一突破，从而形成稳定的数据中台结构，发挥中台的管控作用，推动数字化转型。

2. 业务中台

业务中台能够根据用户需求和企业的发展战略，为企业提供有针对性的业务解决方案。业务中台是后台的延伸，能够实现企业业务能力和业务资源的实时共享。

业务中台主要具备三种能力，分别是连接能力、整合能力、交付能力。业务中台主要有三层结构，分别是基石层、夹心层和 BP 层。基石层是联动后台的界面，加强中台对后台规则和资源的感知。基石层主要负责将后台提供的规则和资源初步模型化、框架化。同时，基石层需要负责向后台反馈，以引导从后台到中台，再从中台到前台的整体职能建设思路的调整。

夹心层是知识的应用层，提升了知识的弹性。夹心层主要为基石层提供知识，并依托应用场景的分类和采集，制定方向性的解决方案。同时，夹心层需要基于前后台反馈来提供修正整体职能方向的解决方案。

BP 层是前台的业务伙伴（business partner），能够明确感知到市场温度，负责向企业内部传递市场反馈。当 BP 层进入前台团队，并与前台团队协同作战时，它能够在感知市场温度的情况下，为系统定制交付解决方案。

业务中台能够连接企业内外部的合作者，并对合作者实施监管，促使合作者交付出高质量的服务。业务中台能够将各种服务整合在一起，搭建基本业务服务框架。业务中台能够依据前台需要进行定制化业务服务交付，提升业务的个性化。业务中台在企业的数字化转型进程中发挥着不容小觑的作用。

3. 技术中台

技术中台为企业提供自检系统的关键技术能力支撑，帮助企业进一步完善基础设施建设，解决分布式数据库等底层技术问题。技术中台整合了云基础设施以及在云基础设施上组建的各种技术中间件，如微服务、分布式数据库、分布式缓存、搜索引擎、消息队列等。同时，技术中台在此基础上封装了简单、实用的能力接口。

技术中台的建设标准是在一个负责提供容器或虚拟机的私有云上，建立一个符合数据中台或者业务中台需要的技术相关组件。从严格意义上来说，技术中台既是建设工具也是组件，能够为业务中台和前台应用提供完善基础设施的能力，极大地缩减了系统的建设周期。

技术中台为数据中台和业务中台提供了更加稳定、可靠的基础设施保障。例如，业务中台的业务服务中心需要完善的关系型数据库，而关系型数据库需要具备自动切换、一主一备、只读库创建、读写分离等功能。业务中台为了完善对数据的访问，需要通过技术中台建立分布式数据库，以对数据进行分表分库操作。

此外，技术中台的分布式缓存组件是提高访问效率的必备组件。分布式缓存结合消息队列能够实现大流量削峰填谷和异步解耦，极大地提升了前台应用响应用户需求的能力以及前端访问的性能。

技术中台具备为数据中台和业务中台搭建和完善基础设施的能力，是数据中台和业务中台平稳运行的重要保障。

中台是数字化转型的标配，它不仅是企业的 IT 工具，更是企业的组织布局。中台极大地增强了企业数据、资源、能力的可复用性，进一步拓展了数据、技术、业务的价值。

5.3.2 遵循原则，中台建设更合理

在打造中台的过程中，企业需要遵循三项原则，使中台更加合理。

1. 战略举措优先原则

企业要将建设中台上升到战略举措的高度，这意味着企业需要打通业务部门与技术部门的决策通道，还要明确处理各项问题的优先级以及构建中台的职能分工。在明确战略方向后，企业还要定期对战略目标的完成情况进行核实。

2. 业务决策优先原则

通常情况下，中台战略会改变企业的业务形态，企业的业务部门需要对决策进行调整。在明确中台规划以及中台与业务之间的协作关系后，企业就可以利用中台支撑前台的业务发展。

如果企业在建设中台的过程中严格遵循业务决策优先的原则，那么企业的业务诉求就可以在中台中得到满足，这将显著降低中台的价值风险。

3. 赋能优先原则

在企业建设中台的过程中，降低运营成本和提升响应能力之间存在矛盾，企业很难同时满足这两种需求。在将业务流程中台化后，企业就可以利用中台为业务赋能，从而找到这两种需求之间的最佳平衡点。

当企业将中台建设提升到战略高度后，对于企业来说，中台就不只是一个成本中心。业务决策优先以及强化赋能的思路，会使企业的关注重点从是否显著降低运营成本、是否使用多项技术等表层问题，转移到业务收益的提升、业务结构的优化等深层次的问题上。

许多企业都曾尝试建设中台，但由于未遵守上述原则，导致中台形同虚设。技术的发展推动了共享生态的发展，中台可以帮助企业最大化地发挥数据的价值，为企业的数字化转型持续赋能。

下篇

企业数字化
转型实现路径

企业数字化转型的实现路径需从多个方面综合发力。战略顶层设计需明确转型方向，引领整体变革。人力资源管理需优化组织架构，提升员工数字技能。财务方面需实现数据驱动决策，提升管理效率。生产制造需引入智能设备，实现自动化生产。零售领域需利用大数据进行精准营销，提升客户体验。物流需构建智能物流体系，提高配送效率。营销需通过社交媒体等数字化渠道，扩大品牌影响力。这些具体落地场景为企业带来了更高效、智能、可持续的发展，提升了整体竞争力。

第6章

数字化战略顶层设计

在进行数字化转型之初，企业要做好顶层战略设计，明确数字化转型的路线图。在此基础上，企业需要打造新的商业模式、转变经营思维，搭建起能够支撑企业数字化转型的稳固框架。

6.1 打造数字化转型的商业模式

企业传统的商业模式往往无法匹配数字化时代的发展需要，因此，企业需要打造新的商业模式。在这个过程中，企业需要认识到自身经营的难点、传统商业模式的弊端，有针对性地打造新的商业模式，并在此基础上变革产品与服务。

6.1.1 传统企业利润难增长，问题出在哪里

当前，随着市场的不断成熟和市场竞争的加剧，通过传统的商业模式、业务模式实现长久的盈利变得越来越困难，企业盈利水平不断下降成为常态。要想实现利润的持续增长，企业就需要变革商业模式，找到新的盈利点。

例如，著名企业家马斯克革新了电动汽车的电池技术。他通过转变思维，挖掘产品背后的核心原理，再经过逆向推导、拆分重组后，实现价值重构，创造出足以颠覆产业的创新产品。

早期电动汽车无法普及的原因在于价格昂贵。在将这个问题进行拆分后，马斯克发现电池是电动汽车最贵的零部件，每辆汽车都要花费近 5 万美元配置电池。在找到核心问题后，他便开始进一步研究电池的材料及构造原理，对电动汽车的电池进行了革新，使得电动汽车的成本大幅降低。

这种思维方式不是马斯克独有的，类似的案例还有许多。例如，在马车

公司出现经营困难时，福特先生没有立即对马车结构进行改良，他认识到用户使用马车是为了更快地到达目的地，由此他制定了汽车的制造方案，从根本上解决了公司遇到的问题。

当企业在经营、管理等方面遇到瓶颈时，管理者与其苦思冥想如何提升效益，不如找到问题的本质，重构企业的价值，实现更大的利润提升。企业发展到一定规模，往往会被现有的技术、生产能力、战略方法所局限，如果无法从现有的思维模板中跳脱出来，就很难找到新的盈利点。

市场环境变化莫测，每一种新想法都可能使企业在激烈的市场竞争中脱颖而出。在这种情况下，企业更应该更新自己的思维方式，为实现长久发展找到新出路。

6.1.2 商业模式"黑洞"：过度依赖流量

传统的商业模式往往是以流量来获得盈利，即通过吸引更多流量，实现更多的转化。但是，更多的流量并不意味着更多的转化，往往企业付出了大量成本吸引流量，转化率却不尽如人意。

当前，流量变得越来越贵，企业通过这种商业模式获得的利润越来越少。与此同时，企业的经营惯性、同质化的产品与服务进一步加速了这种商业模式的沦陷速度。如今的企业大多没有摆脱思维定式，依然将流量作为增效降本的秘密武器。而每一次的技术升级都会引领全新的战略风向，这就导致了价格战。

"9.9元包邮"已经成为打造爆款产品最常用的营销方式。这种方法可以在短时间内提升产品销量，但它只能为企业带来与品牌定位不一致、无法提升复购率的流量，不能增强用户黏性，提升品牌曝光度。

基于流量的商业模式适用于用户量较少、不需要实时监控的业务场景，因此这种模式不会就此消亡。企业应该顺应时代的变化，对现有的商业模式进行数字化创新，拓展自身的成长空间。

6.1.3 拼多多：商业模式助力成功

2024 年 11 月，拼多多发布了 2024 年第三季度业绩报告，营收同比增速高达 44%。在当前激烈的市场竞争中，拼多多能够实现逆势增长，离不开数字化商业模式的支持。

拼多多依靠"社交 + 拼团"的模式发展，通过微信提供的流量入口打造庞大的流量池，快速奠定社交模式的基础；其拼团模式所必备的支付工具也可以通过微信轻易解决。基于此，拼多多借助腾讯的流量，吸引更多的人加入网购，通过拼单、砍价等玩法吸引消费者将链接分享到微信群、朋友圈，促使消费者拉好友以享受活动的优惠。这样一方面能够增强用户黏性，另一方面可以提高交易频次，快速建立新的生态圈。

拼多多创始人曾在给股东写的信中说："拼多多建立并推广了一个全新的购物理念和体验——'拼'，……拼多多做的永远是匹配，将好的东西以优惠的价格匹配给适合的人。""拼"既是拼团也是拼价，拼团建立在成熟的社交商业模式基础上，如腾讯的微信社交；拼价建立在成熟的电商模式基础上，如顺丰的物流、相对成熟的电商体系、强大的制造业支持。

事实上，拼多多的成功不仅源自其新颖的销售战略，还源自其不断创新变化的数字化商业模式。例如，拼多多力求通过大数据为用户定制差异化、个性化的"Facebook 式电商"。其推出的"新品牌计划"，使得大规模、定制化的从消费者到生产者（customer to manufacturer，C2M）模式成为可能。

拼多多将原有的商业模式与数字化战略进行了有机结合，同时不断创新自身独有的"拼团"模式，颠覆了传统的行业格局。可以说，拼多多的成功具有必然性，其数字化战略值得大多数的创新企业借鉴。

6.2 转变经营思维，找到创新点

在数字化转型的过程中，企业需要转变经营思维，以新思维驱动创新，指导数字化转型实践。数据思维、单点思维、迭代思维等，都是企业需要建立的新思维。

6.2.1 数据思维：以数据为决策点

在互联网兴起之时，很多企业都以流量思维进行经营，通过各种手段吸引流量，进而实现转化。而在注意力稀缺的当下，广泛吸引流量难以带来高转化。在这种情况下，以数据思维驱动企业运营，即实现数据化运营，成为企业增长的新方式。数据化运营的流程主要有以下几个：

1. 建立指标体系

数据化运营的第一步是明确业务目标是什么，不同的业务场景有不同的运营目标。当业务目标确定后，企业就要将目标拆分成数据指标，建立数据指标体系。建立数据指标体系有三个步骤，即明确业务目标、厘清用户生命周期以及行为路径、指标分级。

在建立指标体系的过程中，需要用到以下三个理论模型：

（1）OSM 模型。OSM 是目标（objective）、策略（strategy）、度量（measurement）三个单词首字母的组合。OSM 模型是一个业务分析模型，可以将宏大的目标拆解成具体的、可落地的、可度量的小指标，从而保证计划执行不偏离大方向。

模型中的 objective 可以帮助企业了解业务的核心关键绩效指标（key performance indicator，KPI），快速理清指标体系的方向。了解业务大方向之后，就要制定对应的行动策略，即模型中的 strategy。企业需要将业务的核心

KPI 拆解到用户生命周期和用户行为路径中，从完整的链路中分析出可以提升核心 KPI 的关键节点。最后，企业需要制定比较详细的评估指标，即模型中的 measurement，将产品链路中的各个关键节点细分，得到完全独立的细分指标。

（2）AARRR 模型和 UJM 模型。AARRR 模型的五个核心指标分别是获取（acquisition）、激活（activation）、留存（retention）、收入（revenue）、推荐（referral）。UJM（user journey map）模型即用户旅程地图，是一种设计和分析用户体验的方法。

AARRR 模型和 UJM 模型都是路径模型，但侧重点不一样。AARRR 模型揭示用户的整个生命周期，即"引入期—成长期—成熟期—休眠期—流失期"五大周期，而 UJM 模型揭示用户进入产品的整个行为路径，即"触发、考虑、评估、决策、支持"五个阶段。这两个模型可以帮助企业从多角度分析业务问题。

（3）MECE 模型。MECE 模型（mutually exclusive collectively exhaustive）的中文翻译是"相互独立，完全穷尽"。它是由麦肯锡咨询公司的一名咨询顾问在金字塔原理中提出的一个重要原则，是指对问题进行分类、分层思考，从而找到问题的核心，并为之提出解决措施。

MECE 模型可以帮助企业找到最本质的业务问题。例如，某企业现在需要建立一个提升用户成交量的指标体系。第一步，企业需要明确业务目标，即提升用户成交量（GMV）。第二步，企业需要通过 AARRR 模型或 UJM 模型拆解用户成交的路径，即"注册—登录—曝光—点击—加购—成交"。第三步，企业需要根据 MECE 模型将指标分级。根据"GMV = 成交用户数 × 平均客单价""成交用户数 = 点击 UV × 访购率""点击 UV = 曝光 UV × 转化率"三个公式可以得出"GMV = 曝光 UV × 转化率 × 访购率 × 平均客单价"。这样一个完整的分级治理的指标体系就建立好了。

当然，根据企业需要，一些指标还可以继续拆解，例如，曝光 UV 可以继续拆解为谷歌渠道曝光 UV、腾讯渠道曝光 UV 等。

2. 数据获取

数据收集是数据运营的基础，但数据并不是越多越好，企业要围绕业务目标收集数据。数据一般分为行为数据、流量数据、业务数据和外部数据。

（1）行为数据是以时间为顺序，记录用户在某产品上操作行为的集合。

（2）流量数据能追溯用户来源，根据它可以进行更有效的渠道转化分析、广告投放分析等工作。

（3）业务数据与企业生存息息相关，如促销量、优惠券领取量等都属于业务数据。

（4）外部数据来源于企业外部，如第三方平台统计的行业数据。外部数据可以用来与内部数据进行对比，以分析企业的发展现状或辅助决策。

3. 数据分析

数据分析是数据运营的核心环节，主要工作是利用适当的统计分析方法对收集到的数据进行分析，提取有用信息，形成结论。

第一步：明确数据分析的目的。一般数据运营的数据分析工作都是围绕实现用户增长和转化进行的，如找出粉丝上涨和减少的原因、用户激增或骤减的原因等。

第二步：绘制产品路径图。这一步可以帮助企业明确用户从知道产品到点击进入、使用、留存、消费的完整流程。产品路径图足够详细，影响数据变化的指标就不会被遗漏。

第三步：找出路径中影响数据变化的指标。对产品路径图进行拆解和分析，可以帮助企业找出影响数据走势的关键指标。例如，影响一篇公众号文章阅读量的指标有好友转发、看一看、微信搜一搜等，这些指标数据都是企业需要重点关注的。

第四步：根据数据分析目标，提取直接影响目标的数据，删除用不到的数据。

第五步：围绕关键指标提出假设。根据数据分析目标，提出一个与用户行为相关的假设，例如，用户流失率高是因为新活动的详情页做得太差。

第六步：验证假设。企业可以利用对比分析、趋势分析、溯源分析等方法验证提出的假设是否正确，找出运营不理想的原因，并提出有针对性的策略。

第七步：撰写数据分析报告。数据分析报告包含四个部分：

（1）项目现状介绍。即简单说明项目现状，如本月收入多少、与上个月相比销量下降了多少等。企业可以参照绩效考核的内容撰写项目现状介绍。

（2）发现问题并描述。从 KPI、趋势、同行等角度，将外部数据与内部数据做对比，指出问题，例如，与上个月相比新增用户减少了多少等。

（3）原因分析。明确数据分析结果，描述要清晰，例如，用户流失是因为用户使用其他产品。

（4）改进建议。提出具体且可执行的建议，例如，建议市场部提高推广和转发的力度，加大对优质渠道的资源投入等。

4.数据应用

基于数据分析结果，企业可以发现业务问题或找到潜在增长点，以辅助业务决策、驱动产品优化。

（1）监测运行指标，降低监管成本。企业可以通过数据将目标公式化，拆解成不同的模块，从而更好地监督业务运行。例如，企业想要监督配送率指标，如果通过走访来检查产品是否齐全，那么监督成本会很高。但企业通过分析库存数据，就可以高效地监控所有门店的产品配送率。

（2）准确归因。有时企业的业绩下滑，往往很难进行正确的归因。如果缺少数据支持，管理者只依赖个人经验判断，虽然也能解决问题，但会浪费大量资源。如果有了精准的数据分析作为支持，企业管理者就可以快速识别出现问题的环节并制定相应的解决方案。

（3）形成反馈闭环，提高各环节效率。运营的目标是提升各业务环节的运行效率，让企业高速运转。想要做到这一点，企业必须保证操作方案和用户反馈之间形成闭环。例如，企业策划一个营销活动，活动期间收集的转化率、客单价分布、下单高峰时间段等数据，可以助力企业优化营销方案。例如，根据客单价分布反馈，企业可以制定用户更容易接受的客单价。

6.2.2　采取单点思维，打赢入口之战

很多企业在经营过程中将业务铺得很大，但收益寥寥。原因就在于企业缺乏单点思维，行动不够聚焦。要想成功切入一个新入口，企业就需要具备单点思维，在聚焦中推进战略。

最初在在线生鲜杂货领域布局时，亚马逊的规模很大，完全可以大规模地创建仓库和铺设网络，但是亚马逊没有这么做，而是进行单点突破。

亚马逊走出的第一步是从西雅图这个科技快速发展带动生活方式发生巨大变化的城市切入，进入生鲜杂货行业。

为了减轻货物配送压力，亚马逊没有覆盖西雅图的整个城市，没有垄断整个城市的所有传统生鲜杂货零售商的经营，而是仅覆盖了密度最高的几个高端居住区，把西雅图这个城市作为进入生鲜杂货行业的开端。

在5年的时间里，亚马逊不断地在西雅图测试生鲜零售的商业模型，经过多次测试和调整后，达到的效果非常理想。于是，亚马逊选择洛杉矶作为第二个切入点进行推广。洛杉矶和西雅图一样发达，人们的接受程度也很高，采取与西雅图同样的方式切入更容易成功。

这里需要特别注意两个方面：一方面，亚马逊采取单点思维来测试一项新项目，在选择覆盖的地区时，选择那些居住密度高的地区；另一方面，新

项目的测试不是针对所有的用户。

为了明确用户的痛点，亚马逊采取缴纳年费的方式来过滤天使用户。天使用户对产品和服务的要求很高，但是也有很高的黏性。为了检测自己的新项目能否在市场中顺利推广，亚马逊选择天使用户进行验证和测试。这造就了亚马逊后期的成功。

从亚马逊的案例中可以得知，使用单点突破的方法寻找用户痛点，采用聚焦天使用户的方式，根据天使用户的反馈改进项目，能够提高项目的需求度。

猎豹移动 CEO 傅盛曾在"颠覆式创新"的分享发布会提到了自己对单点突破的看法，如图 6.1 所示。

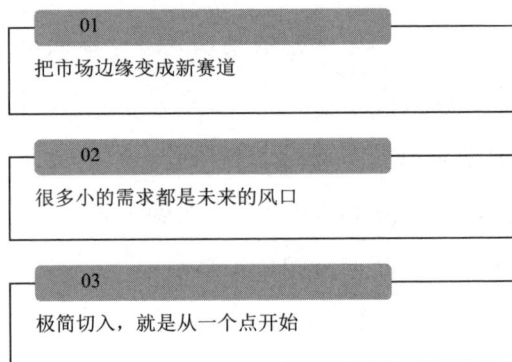

图 6.1　傅盛对"单点突破"的观点

1. 把市场边缘变成新赛道

产品进入市场的最好方法就是切边缘，即从边缘切入，一步一步地"攻入"内部，在其他人还没有察觉的情况下，在市场中占据优势地位。

2. 很多小的需求都是未来的风口

从古至今，很多变革都源自一些微小、不易被察觉的需求。例如，在手机还未普及的年代，手机只是一些商务人士的必需品。但随着移动互联网的发展，人们对社交的要求逐渐提高，手机就变成每个人的必需品。

3. 极简切入，就是从一个点开始

开发微信红包功能的团队只有十几个成员。微信红包只是微信中的一个功能，却打破了阿里巴巴在移动支付领域的布局，成功为微信带来了大量的用户。可见，在如今这个时代，一个好的破局点，就有可能改变整个行业的风向。

6.2.3 智慧型企业需要迭代思维

要想实现长久的发展，企业就需要具备迭代思维，以迭代思维指导产品开发、优化等，以形成长久的竞争力。

亚马逊 AWS 云服务在最初的时候只能为用户提供计算、网络互联等基本服务，但随着互联网的飞速发展、移动信息的千变万化以及用户需求不断增加，亚马逊公司便开始投入大量的人力、物力资源，对云服务进行迭代开发。仅用了一年的时间，云服务便增加了上百个新功能，满足了用户的多元化需求。

再来看一下谷歌的产品迭代之路。谷歌对安卓系统的升级并没有采取传统意义上的"闭门造车"模式，而是使用了迭代策略，根据用户的反馈信息寻找用户需求，再根据用户需求不断升级产品。谷歌积极与用户互动，根据用户的意见和建议对产品进行改良。

这样的开发模式对企业有两个帮助：第一，企业能够时刻掌握用户的需求，从而在开发产品的道路上可以少出现错误；第二，产品与用户有了情感连接，可以提高用户对产品的忠诚度。

在传统产品生产模式中，产品要经过调研、设计、研发等环节，等到十分完善后再投到市场中。这种模式存在诸多缺陷，如周期长、效率低、成功率低等。

在如今这个用户需求多元化及用户对产品的功能、质量都要求过高的时代，传统的产品生产模式逐渐落伍，迭代思维更能顺应时代发展。基于迭代

思维，企业可以把产品的整个研发过程分成若干阶段，在每一个阶段都检查产品的质量，对产品进行优化。在每一个阶段快要结束时，企业还会对产品存在的问题进行重新评估，在下一个阶段解决掉重新评估后发现的新问题。

微信和小米手机的操作系统也是在不断迭代下完成的。经过不断迭代，微信从最初的聊天工具，变成集通信、社交、商务、金融于一体的平台，被众多用户接受和认可。小米手机在多年的长跑中，不断地优化系统，更新升级，积累了越来越多的忠实用户。

类似于亚马逊 AWS 云服务、谷歌、微信、小米手机这样的迭代案例还有许多。它们的共同之处在于：与传统产品生产模式追求的"完美主义""一鸣惊人"大不相同；采取迭代思维研发产品，不断地发现问题、解决问题；循序渐进，在最短的时间内快速改进创新成果，大幅提高产品生产效率。

快节奏的生活使得人们提高了对效率的要求，迭代思维则满足了人们的这种要求。迭代可以更快地对产品进行优化、更新，使产品获得广大用户的青睐。另外，迭代遵循"将产品投放市场—寻找用户需求—调整完善产品—再次投放产品"的循环过程，这一循环过程使企业与用户有了更加深入、及时的互动。

看重速度、坚持对产品进行优化、强调用户需求的迭代思维，表面上看似在不断地重复一种模式，实则不是单纯地复制粘贴，而是一种螺旋式的上升。

任何成功的事情都是从细微之处做起的，产品创新的成功不在于产品的"一鸣惊人""一飞冲天"，而在于不断迭代，更贴合用户需求和时代变化。在当前技术更新快、用户需求多样化的大背景下，迭代思维是企业进行数字化转型必须具备的思维。只有时刻观察用户的需求变化，不断地对产品进行优化，产品才能在市场中占据一席之地。

6.2.4　贝壳找房：经营创新实现发展

当前，随着房屋租赁市场的发展，市场中出现了许多相关产品。其中，贝壳找房之所以能够成为行业中的领头羊，离不开多方面的经营创新。这主要体现在三个方面，如图 6.2 所示。

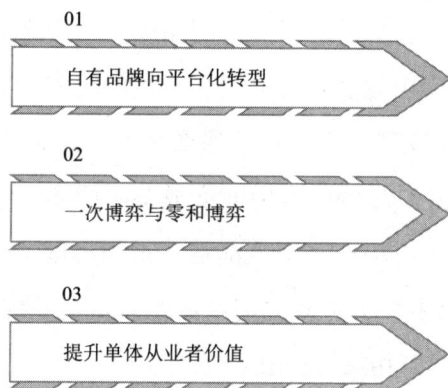

图 6.2 贝壳找房多方面的经营创新

1. 自有品牌向平台化转型

贝壳找房原本是链家其中一个业务线的延伸，从表象看，贝壳找房从自有品牌向平台化转型，是为了拥有更多的员工和顾客。实际上，贝壳找房用经纪人合作网络（agent cooperate network，ACN）的逻辑，打破了房产经纪人、房东、品牌之间的边界，把竞争关系转变为合作关系，提升了效率。

2. 一次博弈与零和博弈

从外部看，链家所在的房产中介行业遭遇着"真房源"的挑战，整个行业面临着信任危机。在 C 端和 B 端，这种信任危机有着不同的表现形式：C 端的一次博弈，即对每位用户只做一次性买卖；B 端的零和博弈，即市场规模有限，同行之间竞争激烈。

对于 C 端的个人客户来讲，买房、卖房、出租房都是一个低频的行为，这个周期甚至比房产经纪的平均职业周期还要长。数据显示，一个房产经纪人的平均职业周期是 6 个月，而在 6 个月中，人均成交量为 1.5 套房。这意味着，一个房产经纪人很难为同一个客户提供多次服务。客户复购的希望渺茫，因此大部分房产经纪人会抱着"一次性宰客"的态度为客户提供服务。

对于 B 端的品牌门店来讲，不仅不同品牌的门店之间存在竞争，相同品牌的不同门店之间也存在竞争。每个门店覆盖的范围是有限的，客户也是有限的，如果某家店多成交了一个客户，那么其他店就少了一个客户。

因此，贝壳找房将 C 端的一次博弈变成多次博弈，将 B 端的零和博弈变成多赢博弈。贝壳找房将房产经纪人的业务链条拆解成 10 步（房源方 5 步，客源方 5 步），每步都由一个独立的房产经纪人负责并回传信息至贝壳找房，然后房产经纪人可以得到相应的报酬。

房源方的 5 步工作加起来能分到 40% 多的中介费，客源方的 5 步工作加起来能分到 50% 多的中介费。其中，客源成交人能拿到佣金总额的 30% 左右。这番改动让一次性买卖变成多个房产经纪人共同为用户提供服务，而报酬则按照其工作量来计算。

面对既定的报酬，房产经纪人不用考虑客户是否会成交，只要完成自己的工作即可，房产经纪人为一位客户提供多次服务成为可能。而原本品牌门店之间的竞争关系变成了权责明确的协作关系，门店之间实现了多赢。

3. 提升单体从业者价值

从价值层来看，贝壳找房的 ACN 合作模式把员工变成了合作伙伴，这样有什么好处呢？其最大的价值就是延长了房产经纪人的平均职场周期，由原来的 6 个月延长到 24 个月。

如果企业的员工流动过快，那么相当于企业只付出了成本，没有获得人才的价值回报。因此，贝壳找房将房产经纪人的工作进行拆解，表面上简化了房产经纪人的工作，实则延长了从业者的职业周期，让每个从业者能接触到更多业务，从而提升了从业者的价值。

第 7 章

数字化人力资源管理
助力组织转型

人力资源是企业竞争优势的重要来源。通过人力资源的数字化转型，企业能够实现人力资源管理的精细化运作，优化管理流程，提升管理效能。在数字化转型趋势下，企业需要明确人力资源数字化的构成，并积极进行人力资源数字化转型实践。

7.1 人力资源管理转型是大势所趋

人力资源管理的数字化转型是企业在数字经济时代的必然选择，是企业整体数字化转型中的关键一环。在这个数字化浪潮席卷各行各业的时代，企业必须深刻洞察当前的数字化发展大趋势，明确人力资源管理数字化转型的目的，做好充分的转型准备，以应对未来的挑战和机遇。

7.1.1 人力资源管理数字化发展的环境

中国信息通信研究院发布的《中国数字经济（2024 年）》指出，数字经济规模稳步推进。2023 年，我国数字经济规模达到 53.9 万亿元，较上年增长 3.7 万亿元。产业数字化成为数字经济发展的主引擎。

面对市场日新月异的快速发展，推动数字化转型已经成为企业经营管理的重中之重。数字化转型不仅能够提升企业的运营效益，助力企业内外的关键环节实现数字管理，还能够推动技术、人才、资本等资源的优化配置。

人力资源管理数字化转型是企业数字化转型的重要组成部分。借助数字技术，人力资源管理数字化转型能够变革人力资源管理模式，创新管理工具，优化管理流程，赋能企业运营和决策。

在数字经济蓬勃发展、企业数字化转型成为趋势的背景下，人力资源管理数字化转型的速度加快。一方面，越来越多的企业看到了数字化转型对推动企业发展的重要作用，开始引入数字技术优化人力资源管理的流程与模式，实现人力资源管理数字化。另一方面，数字技术的发展为更多企业探索人力资源管理数字化转型提供了技术基础。即使是技术实力不强的中小企业，也可以通过引入外部数字化解决方案的方式实现人力资源管理数字化转型。这些都推动了人力资源管理的数字化发展。

随着科技和市场的发展，数字化转型的不断深入推进，人力资源管理活动在数字技术的加持下将会改变传统的运作模式。

7.1.2 人力资源管理数字化转型的目的

许多企业在接触、学习人力资源管理数字化知识，看到人力资源管理数字化转型的优势后，便急于转型，投入大量的人力、物力，购齐全套系统。最后，这些企业发现，该做的都做了，效益增长却不明显。原因就在于人力资源管理数字化转型没有明确的目的。因此，在进行人力资源管理数字化转型之前，必须明确目的和方向。

企业进行人力资源管理数字化转型的目的是提高人力资源管理的效率和质量，进而提升整体效益。借助数字技术，人力资源部门能够更好地整合、分析员工数据，更好地完成招聘、员工培训、绩效管理等工作。企业人力资源管理数字化转型也能够降低人力资源成本，提升员工的工作效率和企业竞争力。

数字化转型是一个持续的过程，随着科学技术的进步，数字化转型是不断更新和迭代的。企业不能只注重形式而忽视实际效果，在转型的过程中，企业要注意提升数字化人才的能力，以及关注全员体验升级的影响。

强大的团队作战能力是企业的重要资产。企业需要通过人力资源管理数字化转型的实践，实现持续的业务流程变革与数字化系统的迭代，提升团队分析数据和运用数据的能力，实现人才管理一体化和平台数据一体化。

此外，数字化人力资源管理体系的搭建涵盖员工的"选、用、育、留、考、酬"等诸多人力资源管理环节，能够激发员工在全生命周期都保持活力，进一步提升员工对企业的认同感、归属感和责任感。

7.2　人力资源数字化的构成

人力资源数字化离不开数字化人才、数字化工具、数字化运营三方面的支持。三方面协同，为人力资源数字化的顺利推进提供了有力的保障，促使其最终实现。

7.2.1　数字化人才

任何项目都需要人来运作。设计和运营人力资源管理数字化转型项目的人选，除了需要具备人力资源管理的专业知识外，还要具备应用各种数字技术和工具的能力。不论是人力资源部门的员工，还是技术部门的员工，都不是企业人力资源管理数字化转型项目负责人的最优选。

技术部门员工对人力资源管理的具体业务和需求缺乏深入的理解和实践经验，特别是人力资源关系的复杂性、员工个人信息和敏感数据等。这可能会影响他们在数字化转型过程中对具体问题的判断和解决方案的制定。

而人力资源部门的员工担任转型项目负责人存在天然的短板。从意识形态上来看，人力资源与数字技术是两个跨专业的知识体系，人力资源部门的员工可以根据过去的经验，熟练运用相关系统和软件，但对更深层次的技术类、专业性问题缺乏认知，可能不具备数字化思维模式。这导致他们难以有效地推动和指导人力资源管理数字化转型实践。人力资源管理数字化转型涉及企业内部的人员、资金、组织结构、业务流程、管理模式等诸多方面，任何方面的决策出现失误都会给企业带来很大的损失。

合适的人力资源管理数字化转型项目负责人的人选，除了需要具备人力资源、信息技术、软件开发等方面的知识外，还要对商业模式有一定的研究。这意味着，这一人选需要是复合型数字化人才。

复合型数字化人才在人力资源管理数字化转型中占据主导地位。在转型的过程中，复合型数字化人才能够根据企业内外部环境的变化，将人力资源管理技能和数字技术相结合，以数字化思维推动相关业务的变革。例如，其不仅能够以数字化的形式展示工作内容、岗位活动等，还能实现人力资源管理活动的流程化、标准化。

那么企业应该如何培养复合型数字化人才呢？对此，广东钰顺数字科技有限公司（以下简称"钰顺数科"）给出了解决方案。钰顺数科根据复合型人才成长路径，如图7.1所示，专门为人力资源管理数字化转型项目负责人量身定制了配套培训课程，这也被称为"数字化转型陪跑模式"。

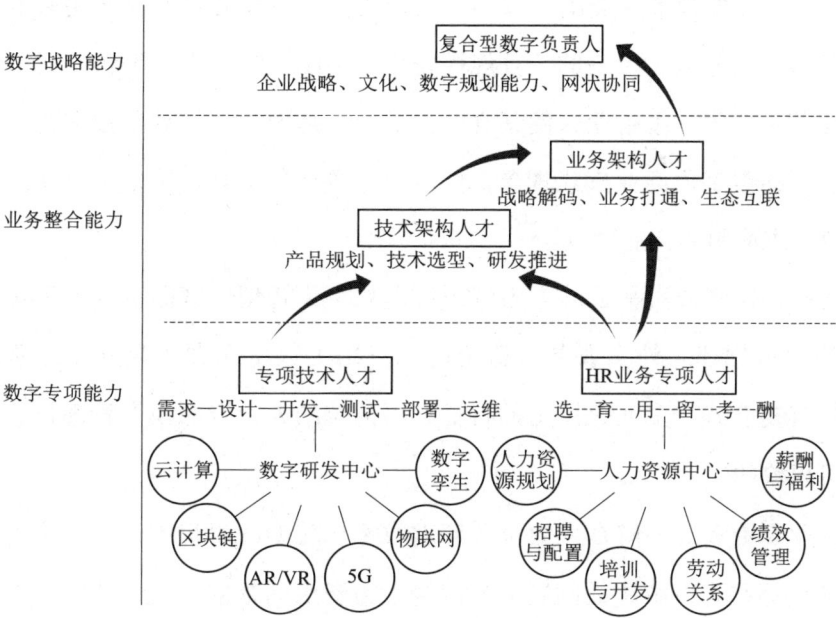

图 7.1　复合型数字化人才成长路径图

复合型数字化人才可以是 IT 技术岗位出身，也可以从人力资源部门员工中择优选取并进行培养，两者皆可按图中的路径成长。如果项目负责人是人力资源部门员工，钰顺数科可以为其提供技术、理论方面的培训；如果项目负责人是技术人员，钰顺数科则为其提供人力资源管理配套的培训。钰顺数科会在整体项目开展的同时，嵌入培训板块。这能够为人力资源管理数字化转型提供助力，让企业少走弯路。

7.2.2　数字化工具

数字化工具是人力资源数字化的基础要素。其能够改进人力资源管理活动的操作方式和工作流程，消除时间、空间上的壁垒，实现员工事务线上处理，提高办事效率和员工体验，克服员工在时间和任务进程不同步方面的阻碍，确保各项管理活动高效开展。

例如，在外卖平台美团、饿了么出现之前有没有外卖？肯定是有的。但其业务形态是零散、单一的，且规模较小。美团、饿了么等平台之所以能使外卖业务延伸为一个行业，使其规模化发展，是因为它们具备数字化思维和反复验证的数字化商业模式理念，然后通过数字化工具（平台）打造外卖生态系统，进而引领行业变革。

同样，这些外卖平台的人力资源管理数字化转型也遵循着其数字化商业模式的逻辑规律。外卖业务覆盖范围广，招工数量庞大，业务流程涉及方多，具有复合式、多元化用工的特征。用传统的人力资源模式管理员工，这是不可想象的。

企业要更多地了解在人力资源管理数字化转型的过程中，数字化工具是怎样解决那些难以解决的问题的。围绕人力资源的基础模块，数字化工具往往应用于以下方面：

1. 招聘与配置

当企业招聘形成规模时，如果没有数字化解决方案，那么企业的招聘工作将非常烦琐。假如企业需要招聘 100 名员工，应聘者可能多达上千名，那么企业的人力资源部门需要配置几名 HR？发布招聘需求到新员工到岗需要多久？需要几名 HR 管理和推进后续的工作？

钰顺数科的解决方案可以实现人力资源数字化管理系统与外界多个第三方招聘平台的连通，企业可以一键发布岗位需求。同时，该解决方案还实现了其他人才资源补充，如校企合作的院校网络、人才市场资源库、钰顺数科自有人才库等，实现对人才的全网覆盖。

进入匹配阶段，钰顺数科能够帮助企业设置 AI 机器人，进行简历回收与整理，实现应聘者学历、经验、能力结构化、标签化。此外，钰顺数科的解决方案还可以一键生成应聘者与岗位的匹配度。这涉及大模型技术，大模型具备非常强的灵活性，可以将应聘者与不同的岗位、不同的用人场景匹配，从而帮助企业快速筛选出优质的应聘者。

基于大模型技术，AI 机器人能够把个人简历信息、岗位信息输入大模型，让大模型从海量的个人简历中筛选出符合岗位需求的人选，并给出相对的分值排名。成功匹配后，AI 机器人会向目标人选发送笔试、面试邀请，笔试、面试均由 AI 机器人进行，同时，面试情况全程录像，方便企业回看与验证。

此外，AI 机器人能够根据应聘者面试时的语言表达流畅性、情绪变化、知识点锚定等识别出合格的候选者。在此基础上，企业可以对筛选出的候选者进行二次真人面试，节省时间，提高招聘效率。

2. 培训与开发

新员工入职后，需要接受培训，以尽快适应工作。目前，市场上存在大量的 E-leaning 线上培训系统，开发和设计比较成熟，实现了培训的数字化。实现培训数字化不难，难在培训成果的高质量落地。

在这方面，钰顺数科自主研发的"慧学堂"培训系统能够根据员工的知识结构、工作经验进行"填补式""进阶式"培训。新员工到岗时，慧学堂能够根据员工的 IP 自动查询他入职时的结构化标签，按照工作岗位能力需求向其智能推荐培训课程。慧学堂培训系统包括"领导推荐必学课程""岗位必学知识""海量自选课"等内容，能够满足多样化的员工培训需求。此外，慧学堂培训系统还能够根据知识数量和培训时间、试用期时间生成学习计划，计划好员工每天必须完成的学习量。

3. 人事管理

选定了新员工后，就进入了人事管理环节：入、转、调、离等。这个环节是人力资源管理数字化转型的重要一环。就入职而言，入职手续本身不会给企业带来任何效益，却又不可或缺。入职流程包括体检、档案填写、签署劳动合同与保密协议、规章制度学习、各种证卡办理、申领各类系统账号等。新员工办理入职流程涉及的部门有财务部、信息技术部、员工所在部门、银行网点、体检医院、所在办公大厦物业等，用时快则两三天，慢则一周以上。

而钰顺数科推出的解决方案"慧就业"App 员工版，可以实现 15 分钟完成入职手续的办理。新员工收到企业的录取通知后，按照入职通知中的指引下载"慧就业"App，填写相关资料，就能够在线完成电子合同（劳动合同、保密协议等）的签署并申领各类办公用品、工位、证卡等。与此同时，新员工还可以在 App 中选择最近的体检医院，填报体检申请，在去企业报到前完成体检，而体检报告会直接上传到企业账户中。

完成以上内容后，新员工可以录制自我介绍视频，上传到 App 中，并 @

领导和所有同事观看。新员工也能够在 App 中看到部门领导和同事的自我介绍。新员工到企业报到即可自行来到工位，工位上摆放着其申领的所有证卡和办公电脑。同时，基于新员工的自我介绍视频，同事能够对新员工有所了解，自然地与新员工打招呼，而新员工也能够快速融入企业，快速上岗开展工作。

4. 薪酬数字化能力

对于数字化程度不高的企业来说，薪酬统计是一项很麻烦、琐碎的工作。为了计算员工的薪酬，企业需要收集员工的基础信息、考勤数据、绩效评分以及奖金和补贴等各项数据。这些数据的收集、整理和验证可能需要消耗大量时间和精力。集设计、生产、销售于一体的企业，还涉及多种产品与多种提成方式、任务时间的维度、不同的用工情况等。这些都使得薪酬统计极其烦琐。因此，薪酬计算需要一个强大的规则引擎，让企业可以自定义薪酬计算规则，以适配不同的薪酬科目。

薪酬规则引擎具备广泛的集成能力，能够打通个人所得税数据中心、社会保险中心、住房公积金中心等。通过与这些平台打通，薪酬规则引擎可以更加准确地核算员工的个税、社保和公积金，提供属地化社保、公积金、商业保险代缴代办业务，自动化处理相关数据和业务流程，减少人工干预和操作成本。同时，薪酬规则引擎也可以提高数据处理效率和准确率，提升服务质量。

7.2.3 数字化运营

人力资源管理数字化转型的成功，关键在于数字化运营。对转型结果的评价并不在于系统软件设计得如何，或者人才队伍搭建和培训得怎样，而在于数据在数字化系统中的运营情况。

在人力资源管理数字化系统中，存在大量的数据，对这些数据的分析、应用可以反哺和修正运营计划与结果。其中，机器人流程自动化（robotic process automation，RPA）机器人的应用起着关键作用，它可以完成数据处理、文档处理、报表生成等任务，帮助企业节省时间与成本。在数据收集和整合后，接下来的步骤是进行数据清洗和整理，包括删除重复数据、处理缺失值、转换数据格式等，以确保数据的准确性和可靠性。

完成数据清洗与整理后，接下来需要进行数据分析与挖掘。通过使用各种数据分析方法和工具，如描述性统计、聚类分析、关联规则等，企业可以深入挖掘数据中蕴含的信息。例如，企业可以通过分析员工绩效数据，找出影响员工绩效的关键因素，或者根据员工离职数据，分析员工离职的原因和趋势。企业可以使用各种数据可视化工具呈现数据分析结果，如表格、图表、仪表板等，以更好地理解和掌握关键信息。此外，可视化工具还可以生成各种报告，可以帮助企业了解人力资源管理的现状和未来发展趋势。

数字化工具生成的报告比传统人力资源分析报告更加智能化，能够对数据进行详细的分析，从而为企业进行人力资源管理提供依据。例如，通过对每月招聘数据的分析，企业可以了解招聘成本与结果，以及应聘者中研究生学历占比提升的百分比等。

企业数据还包括薪酬数据、绩效数据、销售业绩数据、生产制造数据、税务数据、社保福利数据等。这些数据可以为企业提供宝贵的洞察与分析，帮助企业做出更明智的决策。例如，当发现某个部门的销售业绩下滑时，企业可以迅速找出可能的原因并采取相应的行动。

总之，数字化运营在人力资源管理数字化转型中发挥着至关重要的作用。通过运用数字化系统和数据分析技术，企业可以更好地了解和改进人力资源管理的各个方面，从而推动企业的整体发展。

7.3 人力资源数字化转型实战

在进行人力资源管理数字化转型的过程中，企业需要注意根据自身的发展阶段，选择合适的实践方法。本节讲解企业需要注意的要点。

7.3.1 不同阶段的企业转型方式不同

处于不同发展阶段的企业，存在不同的客观情况，如其他环节问题还未突出，只有某个环节的问题急需解决。因此，企业需要明确自身所处的发展阶段，有针对性地进行人力资源管理数字化转型。从发展阶段来看，企业的人力资源管理数字化转型可以分为三种情况，如图 7.2 所示。

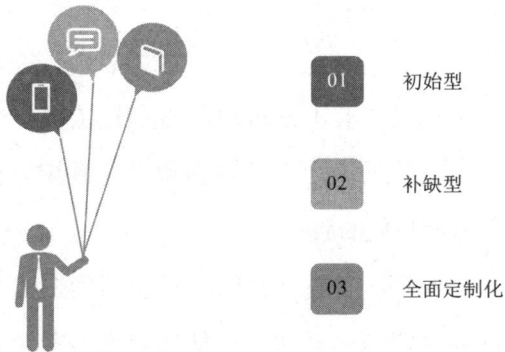

图 7.2 企业人力资源管理数字化转型的三种情况

1. 初始型

处于发展中的小微型企业，因为规模较小、人员结构简单，所以遇到的问题相对简单，可以先直接购买一些现成的标准化数字化系统。目前市面上的软件系统基本能满足这类企业的需求。小微型企业可以先体验数字化带来的便捷性和效益提升，然后逐渐培养团队数字化思维，随着业务的发展，对数字化形成深刻认知，为数字化转型奠定基础。

2. 补缺型

当企业发展到一定规模，企业上线了不同板块的数字化工具，团队具备不错的数字化系统认知时，企业就需要联通数据模块，实现全面的数字化布局。对于这些企业，钰顺数科可以提供"轻咨询＋模块化补全"的方案，依据企业现有的数字化水平以及转型目标，补全中间差距。

凭借良好的集成能力和系统再开发能力，钰顺数科能够帮助企业进行模块化补缺。通过"轻咨询＋项目实施"，钰顺数科能够为企业客户提供项目咨询服务，并参与项目实施，进行系统工具的补缺。钰顺数科也可以只给企业客户提供项目咨询服务而不参与项目实施，系统工具和执行团队可以由企业内部决定。

3. 全面定制化

当企业发展到一定规模，有不同板块的数字化工具，但整体运作不顺畅时，就需要实施全面定制化的人力资源管理数字化系统。在这方面，钰顺数科能够为企业提供全面定制化的服务。

该服务具有一系列流程。首先，钰顺数科会明确企业数字化转型的目标和战略，了解企业的真实需求。其次，评估现有人力资源管理系统，了解系统的优势和不足，以及系统如何与现有的业务流程配合。然后，选择合适的数字化工具，这是数字化转型成功的关键。最后，整体实施需要分阶段进行，将整体系统模块化拆分，先上某部分，再上某部分，最终实现一体化覆盖，以保证企业健康良好运作。而系统全面上线运行后，钰顺数科还配备长期的系统维护服务。

总之，企业需要根据自身发展情况明确自身需求，有针对性地进行人力资源管理数字化转型。同时，人力资源管理数字化转型不是短期行为，企业需要紧跟数字技术的发展趋势，结合企业战略方向的动态调整来持续推进数字化转型。

7.3.2 案例解析：电网某省级公司实践案例

钰顺数科为众多企业客户的人力资源管理数字化转型提供帮助，获得了不错的成果。下面以电网某省级公司为例，讲解人力资源管理数字化转型给企业带来的变化和效益。

1. 项目背景与痛点

由于长期历史原因，加之近年来业务的快速发展，电网某省级公司在巡查审计中发现公司整体用工结构呈现总量超员、生产一线结构性缺员的状况，需通过业务外包方式缓解用工短缺状况，外包业务规模因此不断扩大。截至2022年初，该公司已有各类外包人员近万人，超过其总用工人数的15%。由于该公司的很多业务都依赖第三方劳服公司提供人力，因此各种问题逐渐凸显。

（1）用工余缺矛盾突出，公司内部各基层单位之间存在工作任务分配不均、人员设备承载力不同等情况，缺乏有效方法科学调度内部生产力。

（2）管理不规范，导致运营效率低下，主要原因在于劳服公司无数字化管理能力，大量离线执行操作，成为管控的盲点。

（3）用工数据和费用出入口不透明不统一，不同单位、不同部门难以实现互通共融，更无法形成统一规范的用工量化与定价标准。

（4）缺乏全省区统一的一体化管理，不能做到细粒度管控，无法做到资源共享复用，也无法第一时间发现问题并解决问题。

为了更好地解决上述的一系列用工管理难题，该公司积极探索建设全省统一的劳务用工数字化管控平台。

2. 寻求外部合作，量身定制数字化平台

要建成全省统一的劳务用工数字化管控平台并非易事。购买市场上现成的系统不能完全满足该公司的需求，自主研发平台系统，面临着技术积累不足、资质缺失、审批建设周期长等问题。而寻求外部合作，借助第三方专业机构的成熟经验和技术优势，不仅能够有效弥补该公司在数字化平台领域技术层面的不足，助力该公司迅速完成平台建设，还可以大幅节省平台开发的财务成本和时间成本，是最佳选择。

为量身打造国内电力系统首个省级公司统一的劳务用工数字化管控平台，满足对外构建适应公司各类业务需求的灵活用工服务平台，对内构建企业内部人才市场以及劳务外包统一管控平台的需求，该公司对合作方提出详细要求。

合作方既需要拥有丰富的人力资源管理数字化转型和数字化系统构建的经验，能够结合该公司及下属各用工单位业务实际情况拟定数字化解决方案，确保方案科学、经济、适用，在现有基础上实现降本增效；也需要拥有强大的数字化研发力量，能够根据项目实际情况，配备具有系统开发、系统集成、网络架构、网络安全、数据安全等相关资质与经验的人员；还需要拥有完备的委托代征资质、合规运营经验与风险管控能力，能够确保平台业务符合国家、地方的有关法律法规，以及行业、总公司及省公司有关制度和规定。

该平台已于 2022 年 10 月正式上线运营。平台首批试点单位（二级单位）8 个，下属基层用工单位 58 个，入驻劳服公司 34 家，入驻灵活用工超过 1 200 人，正逐步向全省推广。

3. 全面实现人员数字化、业务数字化、管理数字化

对比传统外包用工模式，全省统一的劳务用工数字化管控平台有效推进了用工管理的多元适配、快速响应、灵活柔性，实现了价值分配的导向鲜明、约束有力、激励有效，实现了运营大数据的贯通融合、共享共用。

该公司以数字化平台为载体，事前对劳服公司、劳务人员进行注册审核，实现任务发布、智能匹配、指派/接单等一体化管理；任务进行过程中，突破人手、空间、地域等因素限制，全过程线上监管；任务完成后，实现线上验收、质量评定、信用记录、大数据统计/分析，并且管理数据全面可视化，助力公司实现人员数字化、业务数字化、管理数字化的劳务用工全方位智能管理。

数字化转型对该公司的人力资源管理起着积极的作用，给该公司带来了巨大的变化。

（1）实现全程线上管控，管理更规范。该公司通过数字化平台推动外包劳务用工全过程线上管控，实现人员管理数字化、任务管理数字化、结果管控数字化，突破了人力、空间、地域等因素限制，全面提升了人员和任务的管控效率，确保各项工作按时、高效执行到位，用工管理更规范。

（2）采用大数据智能分析，调配更精准。该公司整合外部外包/灵活用工、内部共享用工以及历史任务数据，通过大数据统计、AI智能对比分析，从工种、单位、地点等多维度对用工需求进行科学预测，为各级单位各类业务的用工调配提供大数据支撑，使用工调配更精准。

（3）构建信用评价体系，用工更可靠。该公司建立了"科学评价、良性竞争"的机制，整合、分析劳服公司、外包/灵活用工人员过往在任务响应速度、服务态度、服务效果、专业和敬业度等多维度的量表式评价，构建了服务信用评价体系，通过任务接单优先顺序等手段，促进市场良性竞争，确保用工更可靠。

（4）打造科学比价体系，成本更合理。该公司按专业、工种、区域、单位、时间等维度对用工价格进行统计，进行同比、环比、趋势拟合等分析，并提供横向对比结果（不同单位间、不同工种间、不同专业间等），以及纵向对比结果（不同时间周期等），及时发现用工成本异常情况和波动趋势，确保用工成本更合理。当劳务用工数字化管控平台在全省全面推行后，预计每年将能为该公司节省 1 000 万元以上的用工成本和人力资源管理成本。

第8章

数字化财务激发财务新活力

在财务管理方面，传统的人工操作和纸质文档逐渐被数字化工具所取代。企业需要抓住趋势，积极进行财务数字化转型。其中，数字化税务和共享式财务成为财务数字化发展的两大趋势，使企业财务管理更加高效和便捷。

8.1 数字化时代的财务发展趋势

数字化时代，企业进行财务数字化转型成为趋势。在财务数字化转型过程中，不仅财务的工作方式和流程会发生数字化转变，财务职能、组织形式等也会随之而改变。

8.1.1 财务数字化转型成为主流趋势

企业数字化转型离不开财务数字化转型的支持。在企业数字化转型的背景下，传统财务工作模式已经不能够满足企业的数字化发展需要，转型迫在眉睫。财务数字化转型有利于解决企业数字化转型过程中面临的一些问题。例如，传统财务模式下审批流程烦琐导致企业经营的灵活性差、人工参与环节多导致财务管理风险较大等。

实施财务数字化转型有利于加大企业财务管控力度，提高资金使用效率，降低融资成本，推进企业业务的整体发展和企业战略的加快实施。

首先，传统财务核算的基础是企业已经发生的业务，财务分析多是基于历史经验，导致财务工作的预见性不足，难以支撑企业的未来发展。同时，财务部门的业务相对独立，长期从事报表、报销的业务容易导致财务部门过于封闭，逐渐脱离整体业务的发展。

其次，传统的财务管理模式较为分散，难以产生集约效益，导致财务管理成本高、效率低。因此，推进财务转型对企业的总体发展至关重要。

财务数字化转型是企业整体数字化转型的一大突破口。因为财务系统中有企业的业务、管理、经营、决策等方面的大量核心数据，而企业的数字化转型需要核心数据来驱动。企业数据中台通过重塑管财边界、业财边界打造企业数据共享中心，连接企业内外部系统，实现即时在线化、自动化核算。财务数字化转型与企业具体的业务场景结合，进行实时的敏捷化的财务分析、预算管理、经营决策、风险管控，可以最大限度发挥企业数据价值，有效推进企业数字化转型。

8.1.2 财务数字化转型的三大维度

要想顺利推进财务数字化转型，企业就需要搭建起完善的财务数字化转型框架。具体来说，企业可以从三个维度出发推进财务数字化转型，如图 8.1 所示。

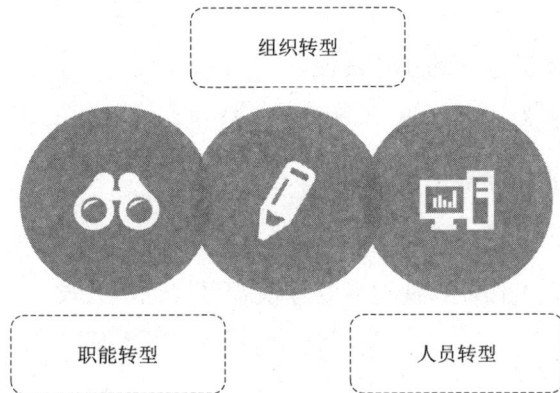

图 8.1 企业财务数字化转型的三个维度

1. 职能转型

企业应重新界定财务职能的内涵。数字化转型下企业财务的职能主要有

119

三个：一是为企业的决策、战略目标的制定提供数据支撑；二是作为企业业务管理者的伙伴，助力业务管理效率的提升；三是高效完成核算工作，保证财务信息质量。

2. 组织转型

企业应构建以共享财务为基础、战略财务为引领、业务财务为主体的财务组织模式。企业应通过战略财务与业务财务延伸管理会计职能，通过共享财务呈现新的核算结果，维护交易处理和管理控制层面的财务活动。

3. 人员转型

企业应重新确定财务人员标准，培养财务人员数字化能力，为财务数字化转型提供人才保障。具体来说，企业应培养三类财务人员。

（1）战略型财务人员。企业应培养战略型财务人员并使这一类人员在财务组织中居于主导地位，从而支撑企业的财务决策。

（2）业务型财务人员。业务型财务人员是企业财务人员部署战略中的主体，主要专注于促进企业的业务发展。

（3）共享型财务人员。共享型财务人员通过提供财务核算专业化服务来推进财务核算业务的标准化、智能化。

企业应制定好财务部门的转型战略和目标，努力挖掘财务部门的价值。企业做好财务转型工作能够使财务管理模式更规范、有效。

8.2　共享式财务：提高效率，控制成本

共享式财务是一种新型财务管理模式，能够在企业内部实现统一的系统

平台、统一的财务核算方法、统一的财务业务操作流程等，实现财务数据的共享和科学管理。共享式财务可以规范财务业务运转流程，提高效率，减少不必要的成本支出。

8.2.1 共享式财务促使管理升级

数字技术与财务结合催生了共享式财务，实现了财务管理的升级。共享式财务主要具有以下特点：

1. 流程柔性化

很多传统企业仅支持标准化、规范化的财务工作，主要解决用户的共性需求。随着数字技术的进一步发展，共享式财务管理模式兴起，企业财务工作的灵活性和可扩展性逐渐增强，工作流程逐渐柔性化，能够有效解决用户的个性需求。与此同时，自动化技术趋于成熟，共享流程会逐渐向自动化的方向发展，显著提升财务部门的工作效率。

2. 边界模糊化

如今，许多企业选择将非核心财务工作整体或部分外包给其他组织完成。这将直接模糊共享式财务的组织边界，使企业的财务管理更加灵活。

3. 平台云端化

共享式财务可以理解为将企业的财务工作交由专业人员管理。但许多企业的财务系统与业务系统融合程度较高，贸然将财务工作交由他人负责会阻碍企业的发展。在企业将自己的管理系统迁移到云端后，就可以借助云平台实现财务与业务的无伤害分离，平台云端化也因此成为财务共享的一大发展趋势。

4. 服务一体化

企业数字化程度的加深，使共享式财务管理模式与其他财务管理模式的融合趋势越来越明显。预算分析、税收筹划、资金管理等高价值的工作逐渐成为财务工作的一部分，共同推动了多种财务管理模式一体化发展。

数字技术在财务管理方面的应用日益广泛，财务共享成为企业财务数字化转型的一大发展趋势。企业应该加强对共享式财务管理模式的研究力度，促进其发展，以提升财务管理效率。

8.2.2 打造财务共享平台

在数字化浪潮下，数字技术推动企业财务系统向智能化、综合化的方向发展，助力企业打造全面的智能财务解决方案。在具体实践中，企业可以打造财务共享平台，实现财务的数字化转型。

财务共享平台借助智能技术引擎实现了财务的自动核算，极大地提升了财务人员的工作效率，从深层次上颠覆了传统的财务模式。企业在打造财务共享平台的过程中需要注意三个要点，如图 8.2 所示。

图 8.2　打造财务共享平台的注意要点

1. 流程设计

流程设计是财务共享平台顺利运行的前提。流程设计十分重要，但在实际过程中往往会因为各种原因出现纰漏。例如，某企业的财务共享平台对不同的业务模块分批次地进行调试，在上线前夕才发现没有设置现金支付渠道。这充分暴露了前期调研和准备工作的不充分，导致财务共享平台没有覆盖全部业务流程。

为避免此类问题，企业应专门设立流程设计团队，负责新业务的流程规划、设计与测试。这个团队不仅要深入了解业务细节，还需与实际操作人员紧密合作，确保线上流程与线下操作的无缝对接。同时，企业还应建立持续优化机制，对财务共享平台进行迭代更新，以适应业务发展和变化的需求。

2. 平台衔接

与其他平台的衔接情况直接决定了财务共享平台的运作效率。财务共享平台集成多套财务系统，为其他业务部门提供统一的处理平台，这些衔接点会对财务共享平台的运作效率产生直接影响。如果财务共享平台能将这些系统进行高效连接，就可以提升整个业务流程的工作效率，减少共享平台的整体工作量。

因此，在明确财务共享平台的整体业务流程后，企业就应该考虑平台的整体架构，确认各系统之间的连接方式与信息传递模式，提升共享平台的运行顺畅度。

3. 数字技术

数字技术是实现财务共享的基础。随着技术的不断发展，机器学习、嵌入式分析等技术使财务系统越来越智能。如今，在人工智能技术的支持下，财务系统的人机互动能力大幅增强，可以直接接收管理人员的语音指令，并在后台将其转换为计算机语言，回应管理人员的需求。

财务共享平台还可以将那些重复性较强的财务工作进行结构化处理，使财务人员从繁重、机械化的工作中解放出来。同时，财务共享平台可以对业务数据进行记录与传输，并为各个部门提供可视化的财务分析报告，让数据为财务赋能。

8.2.3 打造数字化财务模型

数字化财务模型的打造也是企业需要关注的重点。优质的数字化财务模型涵盖诸多模块，不同模块间既可以独立运作，又具有一定的关联性。具体来说，优质的数字化财务模型主要包括四项内容，如图 8.3 所示。

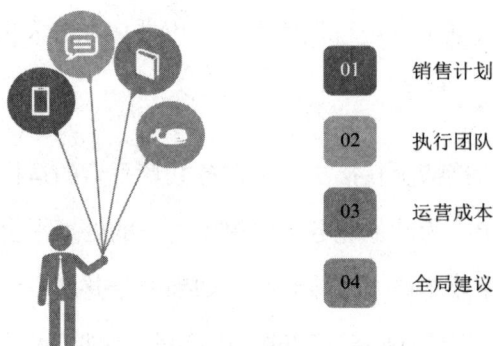

图 8.3　数字化财务模型的主要内容

1. 销售计划

销售计划是最基础部分，也是最值得关注的部分。一个优秀的销售计划有明确的驱动指标，能够快速提高销售业绩。

销售计划可以用销售漏斗的形式进行展示，即将销售情况分为推广获客、用户试用、用户购买、用户复购四个阶段。在对这四个阶段进行分析后，就可以找出阻碍用户留存的因素。

销售漏斗的顶端是推广获客，企业可以将推广获客的渠道展示出来，并给出其他值得尝试的获客方式。推广获客与用户试用这一区间内，存在多种用户行为，如用户动机选择、用户注册、用户资料填写等。如果用户满意产品的试用效果，就会产生购买行为，这直接决定了项目的盈利水平。如果用户对产品有较强的依赖性，产品的复购率就会得到显著提升。

销售漏斗模型可以帮助企业明确项目的盈利点和潜在增长点。企业可以借助这个模型优化营收数据，有效控制用户的流失率。

2. 执行团队

一旦销售计划得以确立，企业便需着手组建一支高效的执行团队。该团队由多个关键角色构成，包括专注于市场拓展、用户群扩大以及其他销售相关工作的市场与销售人员；致力于解决用户问题、维护企业与用户间和谐关系的服务人员；负责产品设计、升级与维护，确保产品竞争力的产品开发人员；以及管理行政事务、确保团队有序运转的行政人员。

其中，服务人员的作用尤为关键，他们是维持用户忠诚度、持续提升用户对产品需求度的中坚力量。产品是赚取利润的核心，因此开发人员的稳定性也至关重要，以确保产品始终保持市场竞争优势。

3. 运营成本

一般来说，那些与利润增长无关的硬性成本越少越好。在企业规模较小时，项目的运营成本会保持在一个相对较低的水平。随着企业的规模扩大，项目的运营成本越来越多。运营成本主要分为固定型、阶段型、可变型三种。

固定型成本即无论项目的发展情况如何，项目的运营成本都是不变的。固定型成本所占比重非常少，例如，企业的生产区域使用了超过 10 年，这片生产区域的租金就可以看作固定型成本。

阶段型成本即项目的运营成本呈阶段式上升。假设某企业要达到每月生产 1 万件产品的目标，需要 10 台机器和 10 名操作人员，那么要想在某月生产 1.1 万件产品，该企业需要 11 台机器和 11 名操作人员。

可变型成本即项目的运营成本随某些因素的变化而变化。例如，某些产品的加工费会受到营业额和产品数量的影响，当这两项因素发生变化时，产品的加工费也会随之变化。

4. 全局建议

在构建好基础的财务模型后，企业还要从全局的角度出发，针对这些问题进行调整。例如，财务模型中的哪些点可以优化、哪些点可以删除，是否缺失关键步骤，是否存在不适用的场景，使用中有哪些注意事项等。

为了准确地预测项目的发展情况，企业可以将模型中有关联的部分进行连接，并利用不同颜色或不同字体将假设进行标记。同时，企业还需要将资金的使用规划及实际使用情况清晰地展示出来，以了解项目的综合利润情况。

数字化财务模型的搭建可以帮助企业清晰地认识到内部存在的财务问题，进而针对问题提出解决方案，提高财务管理能力。

8.3 数字化税务：精简流程，降低风险

数字化税务的发展打破了传统税务管理模式，为企业的税务管理注入了新的活力。其中，税务流程无纸化、数字化税务应用建设等是数字化税务落地的重要支柱。

8.3.1 电子税务发展，税务流程无纸化

根据《关于规范电子会计凭证报销入账归档的通知》的要求，企业的税务凭证可以不再保留纸质单据，而只保留电子单据。这一政策的出台，推动了电子税务的发展，为企业税务流程无纸化提供了助力。

纸质票据在采集、整理、存档、查询等环节均存在难题。在票据采集的过程中，纸质票据的打印、查验费时费力，税务人员很难从中提取结构化数据，使得税务系统中的资金录入与实际业务活动出现割裂。

在整理票据的过程中，诸如发票、收据、报表等纸质材料均需人工打印、整理、装订、归档。这种重复性强的工作需要耗费很长的时间，还容易出现错误。

纸质票据存档不仅需要占用大量的办公空间，还需要委派专门的档案管理人员进行管理。同时，纸质票据在环境、时间、保存方式等因素的影响下，容易出现不同程度的损毁，也容易在企业搬迁的过程中丢失。

在查询纸质票据时，税务人员也会遇到许多问题。由于纸质票据与实际的业务活动是分离的，因此税务人员需要翻阅多本档案或登录多个系统，这极大地增加了税务人员的工作量。同时，纸质档案无法实现多人同时查阅，税务人员无法精准掌握纸质档案的借阅状态，档案外借还存在安全隐患。

数字化时代，企业税务档案的数量大量增加，纸质票据的管理存在诸多难题，传统的管理方式亟待变革。税务档案电子化、入账流程无纸化，已经成为企业实现财税数字化转型的必然要求。

如今，税务人员可以通过拍照、扫码、PDF上传等方式添加发票，税务系统将自动对发票进行识别，自动连接税务网站对发票进行校验。同时，税务系统还可以提取发票关键信息，如税号、单位等，在实现自动入账的同时，还可以加深企业业务活动与税务支出之间的联系。

无纸化的入账流程有效降低了企业进行税务管理的成本，提升了税务人员的工作效率，进一步保障了税务数据的安全，提升了税务数据的利用率，为企业实现税务数字化提供了强有力的支撑。

8.3.2　税金管理的数字化发展

在税务数字化转型趋势下，企业的税金管理模式实现了进一步发展，主要表现在三个方面。

1. 综合配置引擎

在进行税务核算时，企业应充分考虑纳税的主体、税目、税种、税率等因素。除了满足法定的申报条件外，还要满足各项业务的申报流程。因此，在进行税金管理时，企业可以将税务计算及申报流程模板化，从而形成综合配置引擎，更好地满足税种、税率、抵扣规则、申报格式等要求。

2. 管理要求细化

企业的税金管理需要实现对所有业务线的全覆盖，并对税种、税率、纳税主体、需求差异等问题进一步细化。其中，企业需要对税金的指标、规则、法规等问题重点关注，并进行基础配置工作。此外，企业还需要实现信息、流程等方面的共享，从而建立完善的税务管理平台。

3. 统计分析数字化

企业税金管理的内容包括税基管理、税金计算、税金支付等。在此基础上，企业还需要根据发展目标建立不同的分析模型，对税务情况进行智能化分析，并生成相应的分析报告。

税务统计报表可以帮助企业多维度、全方位地对税务信息进行追踪，形成区域层面和集团层面的税务统计报告。通过逐级深入的数据钻取，企业可以追溯至最基础的数据源，确保税务管理的透明与精确。

在数字化浪潮下，税金管理模式的转型升级不仅显著增强了企业在市场中的影响力，更推动了企业营业收入、盈利能力的提升以及市场估值的增长，优化了企业的税务管理流程，推动企业数字化转型进程。

8.3.3　税务共享中心的建设之道

随着大数据、云计算等互联网技术在企业税务管理中的应用，税务共享中心成为企业实现税务数字化转型的重要基础设施。在打造税务共享中心时，企业需要做好三方面的部署，如图 8.4 所示。

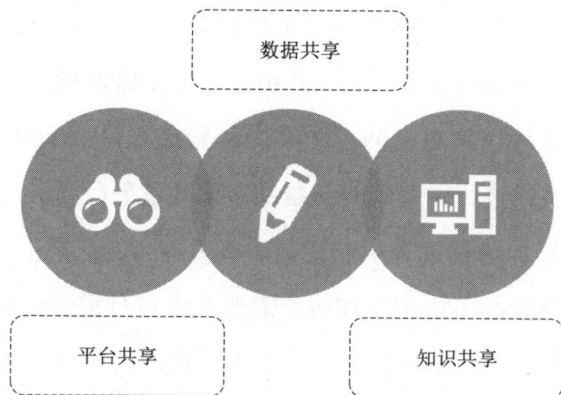

图 8.4　打造税务共享中心的三方面部署

1. 平台共享

首先，企业应以纳税主体为单元，通过按照地区或行业板块划分的虚拟组织连接企业总部，建立起系统的数据汇总和垂直管理体系。其次，企业应依据税务管理制度，在税务平台设定标准化的税务核算规则和流程。最后，企业应设置税务系统的数据权限和功能权限，在实现税务数据共享的同时实现数据隔离。

2. 数据共享

企业应通过建立完整的数据仓库来实现数据的集中和共享。在横向上，企业应通过共享平台连接财务系统和业务系统来获取税务数据；在纵向上，企业应通过共享平台实现数据的逐级汇总，例如，数据汇总的流程是从纳税主体到区域中心，再到企业总部。

3. 知识共享

（1）企业可以根据自身的涉税事务，获取相关法律法规的解读和稽查案例，通过共享平台下发给各成员单位。

（2）企业可以将税务管理资料，包括税务管理规范、税务通知等，通过共享平台下发给税务部门相关人员，并由平台自动监督相关人员的学习进度。

（3）企业员工可以把自己的税务实操经验或心得分享至共享平台，也可以将自己在税务实操过程中遇到的问题发布至共享平台寻求帮助。

知识共享能够加速税务知识的传播，提升企业办税人员的知识水平。企业在搭建税务共享中心的组织架构时，需要基于自身税务信息化的核心需求，并依托强大的系统平台，实现各类税务数据、资源的共享和对接。

第 9 章

数字化生产实现高效智能制造

借助数字技术对生产过程进行改造和升级，企业能够实现生产环节的数字化转型，实现生产过程的高效化、智能化。数字化生产能够在提高产品生产效率、质量的同时，降低生产过程中的资源消耗，提高企业的竞争力。

9.1 数字化生产成为趋势

企业数字化转型离不开生产方式的数字化转型，只有生产方式实现了数字化转型，企业才能够从根本上实现效益提升。因此，企业需要做好生产数字化转型相关工作，全面推动生产的数字化升级。

9.1.1 生产方式亟待数字化升级

当前，在经营环境不断变化的背景下，企业的生产面临诸多挑战，如市场需求多样化、产品同质化严重等。为了应对这些挑战，企业有必要变革传统生产方式，提升生产的灵活性，打造数字化、敏捷的生产方式。

例如，某企业在数字化转型过程中面临市场冲击下的生产危机。客户需要个性化的产品服务，但是该企业的生产线较为传统，难以满足客户的个性化需求。同时，由于该企业生产各环节缺少查询信息的共享机制，现阶段各环节的数据信息传递不顺畅，导致企业内部供销数据无法同步，产品供需脱节。为了解决这些问题，该企业需要进行产品生产方式迭代，实现大规模定制化柔性生产。

打造柔性供应链是该企业在数字化转型的大环境下寻找到的新出路。在产品迭代速度加快的当下，先进行小批量生产，测试市场反应，再根据反馈对产品进行改进成为该企业降本增效的有效措施。但产品的小批量试销需要整个产业链的配合，这对企业的组织调配能力提出了更高的标准和要求。

该企业聚集力量，通过对产业链进行开放整合，实现了资源、经验、能力和利益的共享。随着消费结构的不断升级，该企业也在不断对产品进行迭代优化，使产品更加时尚化、年轻化，提升客户黏性，避免老客户流失。

此外，该企业在打造柔性供应链的同时，还对产品原料严格筛选，升级产品包装，全方位提升产品质量，使产品更加符合客户个性化的需求。其中一款产品自上市以来，历经三次全方位升级，紧跟客户需求，销量颇佳。

生产方式数字化转型可以系统性地打通原料溯源、产业链协同、渠道营销等环节的信息壁垒，降低生产成本。同时，柔性生产链能够使产品库存量最小化，降低企业风险，增强产品市场竞争力。

9.1.2　三大准备，助推企业生产数字化

在进行生产数字化转型之前，企业需要提升自身组织运作、人才培养、技术开发等多方面的能力，做好三大准备。

1.合理配置资源

企业应当优化资源配置与产业结构，夯实产业发展基础。在生产方式转型升级过程中，企业需要将发展重心更多地转移到设备、流程、管理等方面的创新上，通过产业资源与结构的优化升级，建立健全完善的产业链与供应链，进一步夯实品牌基础。

2.推动产学研协同发展

企业应当积极开展产学研合作，推动技术研发团队建设。人才是企业发展创新的基础，企业需要充分利用专业科研机构、高校的人才培养优势，通过建立人才培养基地、技术中心的方式，加强产学研合作，并提升合作的层次与水平。

3. 强化技术升级

企业应当不断强化技术创新能力，提升自身的技术水平。对于企业来说，技术是一个关键的生产要素。企业要抓好重点项目的技术升级业务，发挥数字技术对生产模式升级的促进作用。只有牢牢掌握核心技术，并不断探索新的生产系统、生产模式，企业才能够持续提升生产能力，获得长久的竞争力。

9.2 生产数字化应用场景及需求

生产数字化是一种系统的变革。生产的统筹管理、自动化生产线的打造、工厂的建设等场景都需要进行数字化升级，进而搭建起完善的数字化生产系统。

9.2.1 生产统筹管理：引入 IT 系统

生产数字化不仅意味着生产环节中各流程的数字化，也包括生产管理的数字化。在这方面，企业需要将 IT 系统引入生产管理过程，实现数字化、精细化的生产管理。

传统的产品生产环节数字化水平较低，没有统一的生产管理系统，因此常常会出现产品加工信息与质量信息缺失、原料库存管理混乱、无法实时追踪生产情况、无法及时解决生产环节出现的意外情况等问题，严重影响企业生产效率的提升。而将 IT 系统引入生产管理过程，企业就能够以 IT 系统为载体，将精细化管理思维通过软件系统综合应用到整个生产环节。

IT 系统运作的核心原则是通过数字技术为用户提供更加高效的服务。IT 系统能够为企业的产品生产过程提供一个集成化信息服务平台，帮助企业从粗放式生产管理向精细化生产管理转型。

（1）IT系统能够为企业提供现代化管理工具，促进企业信息化、智能化建设。不仅生产环节需要引入IT系统以实现精细化生产，企业其他部门的运作也需要IT系统的支撑。智能化技术能够将企业常规业务转移到线上，极大地减少了人力资源损耗和时间损耗。同时，智能化办公具有更加精准、工作留痕的优势，能够提升整个企业的工作质量和工作效率。

（2）IT系统能够使企业各部门之间实现智能互联、同步协作，并且信息传达、沟通更加畅通，各部门之间权责划分更加清楚。IT系统能最大程度上缩短沟通时间、提高沟通效率，工作过程更加公开透明，有效防止出现问题时，不同部门之间出现互相推卸责任的情况。

（3）IT系统能够为决策提供数据支撑，进一步提升组织执行力。IT系统能够记录产品在生产过程中产生的相关数据信息并对其进行整合，有利于企业积累数据资产，提高决策的正确性、科学性。

9.2.2　局域应用场景：打造自动化生产线

自动化生产线是数字化生产的重要组成部分，打造数字化生产线离不开控制器、传感器、工业机器人等各种设备的支持。当前，在数字化趋势下，不少企业都打造自动化生产线，以提升生产效率和产品质量。

以单车品牌凯路仕为例，其在打造自动化生产线方面做出了许多探索。为了在单位时间内生产更多单车，凯路仕购置了一批自动化焊接机器人，以推动生产的高效、节能。在使用焊接机器人，并辅以原有组装线以后，凯路仕每天能生产上万辆单车。

凯路仕能实现生产效率大幅度提升的主要原因就是用焊接机器人代替工人。相较于工人，焊接机器人可以在保证质量的同时加快生产速度，而且不需要休息，可以一直工作。在生产过程中，焊接机器人被分为两组，一组焊接车架，另一组焊接前叉，等全部焊接完毕以后再进入涂漆和组装等环节。

在凯路仕的自动化生产线上，全自动的运输带是"标配"。通过运输带，已经焊接过的车架被送往涂漆、贴标、组装等环节，这样不仅便于工人操作，还可以将垂直空间有效利用起来，增加自行车的产量。

在生产单车时，凯路仕对产量提出了更高的要求，车架、前叉等的质量标准也非常严格。一般来说，焊接是最耗费时间和精力的环节，会对产量产生很大的影响，因此，凯路仕不惜花重金优化这一环节，提升这一环节的自动化和智能化。

随着数字技术在生产场景中的应用，未来，企业自动化生产线将不断升级，实现更多环节的自动化。这不仅可以提高产品生产的效率和产品质量，还能够解放人力，将工人从重复的运输、组装等工作中解放出来，使其有更多时间处理其他更重要的工作。

9.2.3 工厂应用场景：智能生产与管理

除了自动化生产线外，企业还可以搭建更加完备的数字化生产场景——数字工厂。数字工厂能够实现设计、规划、执行等多个环节的数字化。

在设计环节，数字建模是关键。企业可以通过该技术为产品构建三维模型，从而减少人力、物力等方面的成本。与此同时，与产品相关的所有信息都会展现在三维模型上，并伴随产品的整个生命周期。这是实现产品协同设计和生产的重要保障。

在规划环节，虚拟仿真技术可以帮助企业布局生产线、安排设备、明确制造路径、调整和优化运行系统。例如，知名汽车制造企业大众旗下的斯柯达捷克工厂，就引进了虚拟仿真技术，以降低改进生产线需要花费的成本。

在执行环节，数字工厂会将制造执行系统与其他系统相连，以确保所有数据始终保持同步，并实现及时更新。例如，某产品的原材料发生变化，制造执行系统与其他系统中的相关数据会同步变化，制造执行系统会自动实施解决方案。这样可以减少误工带来的损失。此外，制造执行系统还可以识别生产线上的零部件，从而实现智能化混线生产。

基于上述优势，数字工厂遍地开花，其中比较典型的是徐工集团的数字工厂。在徐工集团的数字工厂中，云系统发挥了重要作用。云系统主要由云计算和云存储两部分组成。云计算通过数据中心设置大量计算机服务器群，通过网络传输的方式为企业提供差异化应用；云存储通过对相关信息进行跨区存储，帮助企业节省本地存储资源。

徐工集团还创新性地设立了云车间，其内部的调度系统高效管理所有的数控单体设备和集群设备。例如，当车床完成产品加工后，调度系统能立即接收到信息，并自动安排相应的轨道将产品送往下一道工序。同时，关于该产品的所有工序信息都会被详细记录在数据库中，如加工时间、加工设备等。

在云车间的助力下，工人的角色发生了转变，作为质检员负责检测产品质量。每个工人都配备有一个智能终端系统，该系统能实时显示工人当天需要完成的任务、生产计划等信息。工人可以根据调度系统的指令进行产品检测，确保每一件产品都合格。

徐工集团数字工厂中的机器充满了技术"细胞"。这些机器搭载了全球定位系统（global positioning system，GPS）、通用分组无线业务（general packet radio service，GPRS）无线通信系统、数据库自动识别系统等，这些系统共同构成了一个强大的感知系统。

以往，机器出现故障时，工人需要将照片、视频发给工程师，工程师对故障进行初步分析需要频繁地核对一些信息。现在，当机器出现故障时，工程师只需扫描机器上的条码，就能迅速获取所有重要信息，如客户信息、服务商信息、零部件研发、生产信息等，极大地提高了故障处理的效率。

在维修方案制定方面，徐工集团的数字工厂也展现出了极高的效率。当远程诊断和后台知识库无法解决问题时，维修服务中心能迅速通过 GPS 和手机定位找到最近的服务车和服务人员，并通过地图导航指引他们及时赶到故障现场解决故障。

在这个追求效率和质量的时代，能够实现自动化、智能化生产并优化生产流程的数字工厂受到越来越多企业的追捧。数字工厂能够减少生产过程中的人为干预，让机器人承担繁重体力劳动，实现生产的高度智能化，引领制造业迈向一个更加高效、智能的未来。

9.3 技术融入引发生产变革

企业进行数字化生产转型离不开先进技术的支持。在技术的支持下，企业可以更好地实现科学决策、智能生产等，更好地规避生产风险。

9.3.1 用数据连接企业和用户

当前，用户的需求日益多样化，企业需要把握用户的需求，让产品能够满足用户的需求。要想做到这一点，企业就需要深入挖掘、分析各种用户数据，以数据分析结果指导生产。

企业应该如何利用数据挖掘用户的真实需求？

1. 了解用户"缺什么"

需求的产生是因为"缺"，用户正是因为"缺"某样东西，所以才会想要这样的东西。技术的不断发展让用户成为"可移动的终端数据传感器"，他们每分每秒都产生数据。在这种情况下，用户的任何动作，包括购买了什么产品、在哪里购买的产品，甚至产品的原材料来自哪里，都有可能被挖掘和分析出来。这些信息在产品研发过程中起到了关键作用。

全球知名食品品牌卡夫通过数据分析工具抓取了10亿条社交网站的帖子、50万条论坛讨论的内容，总结出用户购买食品的三个关注点：健康、素食主义、安全。卡夫还发现孕妇对叶酸有着特殊需求，因此，卡夫调整了食品配方，在配方中加入了很多健康元素，研发出适合孕妇的食品，顺利打开了孕妇的市场，销售额大幅增加。

企业需要做的就是站在用户的角度发现问题，用心倾听用户内心的声音并分析其核心需求，解决用户痛点。这样生产出来的产品对用户一定是有价值的，产品能够给用户带来惊喜，让用户感到满意。

2. 弄清楚用户"想什么"

企业所做的各种预测，包括需求预测、用户满意度预测等都是建立在对数据进行统计与分析的基础上。如今，数据存储越来越容易，预测用户的心理和下一步行为也变得更简单。借助数据，企业可以洞察用户，了解用户的想法，据此研发和改善产品。

企业要想研发出受用户欢迎的产品，非常重要的一点是同理心，即明确用户面临什么问题、面对什么挑战，或者想要抓住什么机会。基于此，企业可以捕捉到一些研发创意，并在用户中进行测试，寻求反馈，然后根据反馈不断优化产品。

企业还可以借助数据绘制价格与销量分析图，以弱化价格的被动性。假设某类产品在价格为25~30元时销量最好，而在当前市场上，这个价格的产品的功能和用途基本相似。此时企业就可以结合用户的需求，突出产品的差异性，从而使产品在此价格段中脱颖而出。

综上所述，企业应该做的是从用户的角度发现问题，分析用户的核心需求，帮助用户解决痛点，从而了解什么样的产品能吸引用户注意，以及什么样的功能可以让产品快速推向市场并实现盈利。这些都可以在数据的基础上，通过市场情况反推出来。

9.3.2　使用 3D/4D 打印技术

当前，3D 打印技术在生产制造中的应用越来越普遍，其能够快速制作出产品的模型和样品，缩短产品研发周期；灵活调整产品尺寸，实现定制化生产等，在数字化生产中具有重要作用。3D 打印的原理主要有以下两个：

原理一：通过扫描物体建立打印模型

企业如果想 3D 打印产品，需要通过扫描，把与产品相关的数据全部输到计算机中。3D 打印机通常由控制组件、机械组件、打印头、耗材等组成，在打印前会在电脑上设计一个完整的三维立体模型，然后进行输出。

原理二：分层加工

三维立体模型建立起来后，3D 打印机会在需要成型的区域喷洒一层特殊胶水，胶水液滴本身很小，且不易扩散；然后喷洒一层均匀的粉末，粉末遇到胶水会迅速固化黏结，而没有胶水的区域仍保持松散状态。这样在一层胶水、一层粉末的交替下，实体模型被打印成形。打印完毕后，工人只要扫除松散的粉末即可"刨"出模型，而剩余粉末可以循环利用。需要 3D 打印的产品就这样在一步步地分层加工中成形。

在 3D 打印的基础上，4D 打印横空出世。4D 打印增加了时间维度，可以让物体在离开打印机后，根据外界环境的变化自动调整形状。与 3D 打印相比，4D 打印为企业的数字化生产带来了更多可能性。有了 4D 打印，企业可以先在打印机中打印面积比较小的产品，然后再让它们随着时间的推移自行扩张，最终组装成一个完整的可以上市的产品。

阿迪达斯曾经借助 4D 打印机，并结合大量运动数据，用智能材料（可以根据外界因素改变自身形状的材料）研发出科技中底科技跑鞋 4DFWD。这款跑鞋不仅为热爱跑步的用户带来了前所未有的科技感体验，还使企业深刻领略到 4D 打印技术在制造领域的无限可能。

融合了 4D 打印的 4DFWD 跑鞋更轻、更软，为用户提供了更好的上脚体验。穿着 4DFWD 跑步的用户可以感受到一股向前的推动力，因此在跑步过程中更轻松。此外，4D 打印让 4DFWD 的鞋底可以瞬间回弹，从而起到防止脚踝等关节受伤的作用。

相信在不久的将来，在更多企业的探索下，3D/4D 打印技术可以在生产制造领域得到更广泛的应用。

9.4　企业的数字化生产转型实操

在数字化趋势下，不少企业纷纷进行了数字化转型实践，以数字技术指导生产。例如，吉利汽车、蒙牛、青岛啤酒等企业，都积极进行生产数字化转型的探索，以提高生产效率和效益。

9.4.1　吉利汽车：多方面升级业务模式

传统生产模式具有标准化、规模化的特点，而数字化生产更倾向于个性化、智能化生产，能够大幅提升企业的生产力。为了提升生产力，吉利汽车积极推进生产数字化转型，从多方面升级自己的业务模式，这主要体现在三个方面。

1.通过外部合作，实现数字化生产

阿里云在发布 ET 工业大脑时提出要让生产线上的机器都变得自动化、智能化。此后，ET 工业大脑不断适应技术与时代的进步，在多个方面开展工作，包括生产工艺改良、生产流程制造的数据化控制、设备故障预测、生产线的升级换代等。

如今，云计算、人工智能等技术越来越多地应用于生产过程中。企业可以借助这些技术更精准地把握市场需求，降低研发成本。吉利汽车充分利用技术，通过优化生产流程促进生产效率提升。此外，吉利汽车还借助 5G 改革生产网络，为工作人员配备 5G 智能设备。

为了打造更受用户喜爱的个性化产品，为用户提供更优质的服务，吉利汽车与阿里云在供应链、车联网、用户管理等领域达成合作。在各种技术的助力下，吉利汽车致力于让自己变身为具有创新、协同等特点的新型汽车企业。

2.业务数据在线化、在线业务数据化

吉利汽车通过一系列活动获取了很多用户资料，这不仅加深了其与用户之间的联系，也为其制定下一步发展战略提供了科学依据。与此同时，吉利汽车还进行数字化运营，以达到实时获取动态信息的目的。吉利汽车通过实现从订单到运输的紧密融合，取得了业务数据在线化、在线业务数据化等重大突破，业务分析效率也因此得到了很大提升。

3.仿真模拟测试，提升用户体验

用户在选购汽车等大型产品时会更重视安全性和售后服务质量，而这些都需要用户亲身体验。为了获得用户的信任，吉利汽车在打造品牌口碑上不遗余力，一直在积极探索新策略。

要想获得用户的认可，最重要的还是"用产品说话"。吉利汽车的汽车质

量保障来源于无数次测试，其中最具代表性的就是模拟仿真测试——借助计算机辅助工程软件对汽车的驾驶情况进行模拟测试。吉利汽车通过多次测试为每位用户带来更舒适的驾驶体验，给予其更安全、可靠的保障。

9.4.2 蒙牛：以数字技术实现质量管控

乳品行业对产品质量有严格的要求，作为行业中的领军者，蒙牛始终坚持走高品质路线，通过使用多项技术实现产品质量提升。

近年来，蒙牛以数智化技术引领自身产业升级，通过建立覆盖产业链全流程的智能质量管理体系，不断提升自身质量管理水平，从奶牛养殖到产品的研发、生产、质检、销售，实现了对产品全生命周期的精准管控。

蒙牛打造数字化智慧工厂，实现了原材料检测与生产决策全过程的可视化与智能化管理，严格筛选符合生产标准的原材料，做好产品生产过程的质量把控。蒙牛通过相关数据的自动采集与分析预警、生产过程的自动化控制、质量问题及时智能追溯等质量管理手段，推动生产端各环节更加透明化、高效化。

蒙牛利用物联网技术实现对产品运输、销售等环节的远程在线管理，整体把控运输流程，在调度中心智能调配运力，使产品能够更快地抵达各大商超与经销商处，最大限度地保证了产品的新鲜度。

蒙牛坚持以消费者为核心，坚守质量为上的初心，汇聚全球的优质资源，为更多消费者提供更加优质的乳制品。

9.4.3 青岛啤酒：打造领先的数字工厂

近年来，青岛啤酒不断深化工业互联网、智能制造布局，探索传统生产线数字化、自动化转型之路。在不断加深生产数字化程度的探索下，青岛啤酒打造出了业内领先的数字工厂。

青岛啤酒数字工厂实现了物联网、人工智能、大数据等智能技术的融合应用，不仅大幅提高了产品的市场竞争力，还兼顾了环境保护。青岛啤酒数字工厂的具体生产策略如下：

1. 大力开发啤酒生产线上的识别成像技术

青岛啤酒积极开展对外合作，与物联网、人工智能、大数据等技术领域的先进企业以及科研机构进行联合，研发出啤酒生产线专用的识别成像技术。

该技术系统共设置 9 个摄像头，同时创新应用了高精准定位、小区域磁浮电机等技术。在实践应用过程中，该技术能够在每秒钟生产 60 瓶的高速生产线上，对存在缺陷的产品进行准确识别。

2. 推动包装工序智能化

啤酒包装是劳动密集型工序，需要大量人力。青岛啤酒的数字工厂引入先进的智能包装设备，通过智能机器人的铺设以及数据全面驱动，使包装工序实现智能化。这使青岛啤酒的包装生产线效率大幅提高，品种转化时间大量减少。

3. 打造智能化分拣平台，实现全流程"端到端"数据驱动

青岛啤酒数字工厂打通了供应商平台、制造平台与智能分拣平台，供应商运用高清印刷设备将产品图案与特定二维码印刷在罐身后，将其发至啤酒工厂。然后啤酒工厂进行灌装与智能分拣，打印产品物流码，将产品交付给物流公司，由物流公司将产品运送到消费者手中。二维码是产品数据的重要载体，贯穿整个生产过程和物流过程，基于此形成了数据驱动闭环。

未来，青岛啤酒将持续推进生产的数字化转型升级，不断促进物联网、人工智能、大数据等技术在打造数字工厂过程中的集成应用，带动上下游产业链提升智能化、数字化水平。

第10章

数字化零售降低销售成本

数字化零售是降低销售成本的有效途径。在产品销售环节，企业应积极构建数字化零售体系，借助数字技术将零售的各个环节紧密相连，从而显著降低销售成本。在转型过程中，企业应积极探索零售数字化的多种场景，努力打通零售的多种渠道，以推动零售业务的全面数字化转型。

10.1 零售数字化的多场景探索

在零售数字化的道路上，企业应全方位地探索与实践。具体来说，企业可以从优化供应链、提升仓储效率、打造智慧零售商店等多个方面入手搭建完善的数字化零售体系。通过不断尝试与创新，企业能够进一步挖掘零售数字化的潜力，为降低销售成本、提升市场竞争力奠定坚实基础。

10.1.1 数字化供应链：实现供应链的全方位协同

在数字化背景下，为了应对消费方式和消费结构的变化，许多零售企业开始构建更加稳定的数字化供应链体系。

面对电商模式变革和产业互联网给供应链带来的机遇和挑战，零售企业的供应链亟待向数字化、柔性化的方向转变，以更好地整合现有资源，灵活地应对市场挑战。以酒水零售企业为例，酒水产品的包装多数为易碎材质，对运输稳定性和安全性具有较高的要求。加上同城配送、及时送达等新型配送条件对物流运输供应链提出了更高的标准，因此酒水零售企业需要实现更精细化的物流运输管理，打造全方位、一体化的柔性供应链。

在管理方面，酒水零售企业需要关注生产、物流、销售、售后的全链路，解决供应链成本、效率、响应性等方面的问题。例如，酒水零售企业需要统一接入渠道和货源，以统一的库存模型设计提高订单的响应效率；需要搭建专业的物流服务团队，对仓库和物流系统进行全流程、无死角的监管，以提高库存周转率、降低库存成本、提高物流运输效率。

在体系建设方面，酒水零售企业可以从数字化体系建设、仓网布局规划、仓配业务构建三个环节优化供应链全流程，打造供应链在物流运输方面的全场景智能化管理、运输流程全程可视、B/C 端商业流通渠道扩展、全链路一体化运营的供应链运营模式，以增强供应链上下游的协同效应。

总之，数字化供应链能够提升供应链的响应速度和协同效率，帮助企业更好地安排生产。企业可以从三个方面出发打造数字化供应链。

1. 建立补货模型，实现智能补货

智能补货能够通过对供应时间、数量、周期的准确控制保证产品的供应效率，实现产品供需平衡，提高库存周转效率。智能补货一般采取"数据采集、数据分析、数据预测、智能决策"的算法模型。智能补货模型能够及时、准确地展示产品信息、补货时间和补货数量，提升出货计划和销量预测的精准性。

智能补货系统能够精准识别售货机中每款产品的销售动态，自动生成智能补货单，并将补货单及时推送至后仓的显示屏和补货员的手机上。同时，智能补货系统能够设置最小库存预警来触发补货，尽可能地避免缺货现象。智能补货避免了人工补货的信息偏差，降低了产品的滞销率和缺货率，使产品的供应量与市场需求尽可能地接近平衡，创造了数字零售的新模式。

2. 使用灵活、多变的动态运输网络

以运输管理云平台 oTMS 的核心系统 oneTMS 为例，oneTMS 是国内顶尖的运输管理云系统，其将货运环节中的制造商、承运商和收货方集中在同一平台，实现供应链的互联互通和物流运输的高效管理。

oneTMS 能够通过算法推荐与智能匹配技术，帮助货主找到符合其业务特

性的承运商。oneTMS 能够使货主自定义投标准入门槛，获得更精准的承运商。同时，平台数据的沉淀能够使承运商的画像更加清晰、透明，以便货主选择。相较于复杂的线下比价方式，oneTMS 可以使货主在线创建、分发价格文件，通过算法实现在线智能比价，提高招投标流程的科学性，从而打造一站式智能化运输服务平台。

3. 整合资源，连接上下游企业

在供应链中，企业与上下游企业密不可分。供应链中包含"四流"，即商流、资金流、信息流、物流，这"四流"在整个供应链中流通。企业应结合仓储、物流、配送等一系列服务整合资源，实现与上下游企业的紧密连接。企业应持续输出业务指标并规范供应链运作流程，推动供应链的标准化。供应链能够为企业量身定制业务标准和业务分类体系，如材料分类、供应商分类标准等，让数据沉淀更精准。

企业可以建立供应链智能管理系统，连接更多外部场景、角色和服务。通过供应链数据集中、资源聚合实现资源量化管理，使供应链智能管理系统驱动企业生态势能增长，提升企业供应链管理效能，以实现供应链对企业数字化转型的整体赋能。

10.1.2　数字化仓储：一站式仓库管理系统

在传统仓库管理中，无论管理模式怎样优化，仓库产能都很难达到企业的预期。而数字化仓储管理能够实现产品入库、上架、拣货、出库等各环节的数字化，提升仓库作业的效率。要想实现数字化仓储管理，企业就要建立仓库管理系统。仓储管理系统可以通过集成各种仓储管理过程，提高仓储管理效率，具有以下五个功能：

（1）库存管理。实时追踪库存状态，避免产品过多或不足，降低产品的仓储成本。

（2）订单管理。可以根据订单自动进行产品的分拣、包装、发货等，提高订单处理效率。

（3）接收和发货。可以自动接收货物并登记、确认发货信息、追踪货物物流等。

（4）货位管理。可以根据产品特性、大小、重量等，给出合适的货位。

（5）报表和统计。可以自动生成管理报表，为企业仓储管理提供决策依据。

基于以上功能，仓储管理系统可以优化仓库运营。仓储管理系统通过先进的技术和算法，可以完成多样的仓储操作，如入库、出库、货物追踪等，提升仓库运营效率。同时，仓储管理系统可以规避传统仓储管理中的常见问题，如以自动化取代人工，避免了人工操作失误；通过优化存储布局提升仓储质量，降低产品损耗或丢失的概率等。

总之，仓储管理系统可以帮助企业实现产品存储的自动化管理，提高仓储作业效率，降低成本和风险。

10.1.3 智慧零售商店：提高经营效率

在零售领域，智慧零售商店是一个新兴产物。智慧零售商店是对传统零售商店的升级，可以实现商品管理数字化、销售过程数字化等，提升零售商店经营效率和消费者购物体验。例如，连锁式便利店品牌罗森推出了全自动收银机和智能购物篮，为消费者提供自助结账服务。具体操作方式如下：

（1）每个智能购物篮中都有一个扫描器，每件产品上都贴了可供消费者扫描的 RFID 电子标签。

（2）消费者需要先对产品进行扫描，再将产品放到智能购物篮中。智能购物篮会将产品信息，如价格、数量、规格等记录下来。

（3）罗森的全自动收银机上有一个狭槽，消费者只要把智能购物篮放进这个狭槽，产品总价就会在结账屏上显示出来。然后，消费者就可以选择现金或信用卡的方式付款。

（4）消费者完成付款，智能购物篮底部自动打开，产品会跌落到已经准备好的购物袋中并自动升起。此时，消费者就可以取走自己购买的产品。

除了推出全自动收银台和智能购物篮外，罗森还推出了夜间无人值守结账服务，以有效缓解劳动力压力。这项服务已经正式投入使用，从夜间 12 点到凌晨 5 点，消费者都可以享受无人值守结账服务。消费者只要在手机上安装一个应用程序，就可以在罗森自助购物。这样消费者在结账时就不需要排队，罗森也不需要在夜间安排工作人员值班。

当然，不只是罗森，我国的很多企业也推出了无人商店。例如，深兰科技推出的 Take GO 取得了不错的业绩。该无人商店外部装有扫描屏幕，消费者可以在注册并登录软件后扫码进入。消费者进入商店后，会有摄像头检测其是否购买产品。如果消费者把产品带出商店，其手机上便会收到账单详情和结账提醒。

在零售转型方面，罗森、Take GO 表现出色。在这些企业的带领下，7-11、全家等企业也相继引入智能收银系统或自助结账柜台。可见，零售领域已经迎来自动化和智能化浪潮，这个浪潮将推动零售行业的升级。

10.2　数字化零售需要打通多种渠道

在数字化浪潮下，传统销售方式被重构，数字化基础设施的搭建十分重要。在进行零售数字化转型的过程中，企业需要打通多种渠道，以实现对目标用户的精准触达。

10.2.1 "人、货、场"重构，打造新型关系

"人、货、场"是销售过程中重要的三大要素。在传统销售方式下，企业十分关注产品生产，再通过搭建销售场景将产品销售给消费者。而在当前，这一销售模式已经不能满足时代的需要。

面对不断升级的消费需求，企业需要坚持数字化驱动这一导向，从经营的多个层面进行数字化转型升级，包括研发设计、生产制造、营销渠道、内部管理以及用户层面等，构建数字化体系来打通各业务流程。消费者导向型经济要求企业以消费者为核心，进行"人、货、场"关系的重构，促进传统零售向新零售转型升级。

想要打造"人、货、场"全新关系，企业要摒弃传统的销售思维，从"摆好产品等待消费者进店选购"的思维转变为"哪里有消费者就去哪里销售产品"，并培养数字化的销售理念，创造全新销售场景。企业需要以"人"的需求为根本出发点和落脚点，通过运用各种数字技术，引领"货"的发展趋势，提升"场"的效率。

例如，盒马鲜生抓住了当前新时代消费形式转变的机遇，到消费者所在之处进行销售，对线下超市进行数字化重构。

由于冷链运输的物流成本过高、仓储损耗过大，因此与线下销售相比，互联网销售处于劣势地位。随着居民消费水平的升级，消费者对高级生鲜产品的需求增加，对生鲜产品的新鲜程度要求也提高。盒马鲜生从消费者角度出发，创造性地采用"线上 + 线下"结合的模式，将仓库搬到社区附近，打造社区化、一站式新零售体验中心。

盒马鲜生通过运用移动互联网技术，将线上与线下的营销渠道打通，使消费者能够在线上、线下购物时遵循同一套会员体系，确保消费者在线上、线下享受的优惠、积分等服务是一致的。

消费者在 App 上完成支付后，依托于通畅的移动互联网信息传输，盒马

鲜生的线下门店能够对订单快速响应，在 30 分钟内将产品配送到消费者手中，满足了消费者购买生鲜产品对快和鲜的要求。

利用数字技术重塑"人、货、场"关系，盒马鲜生并不是唯一践行者，直播电商等都是以消费者为导向的销售方式。直播电商这一销售模式当前十分火爆，越来越多的消费者倾向于通过直播间的介绍来了解产品，越来越多的企业通过直播的方式介绍、销售产品，开展优惠促销活动。

企业可以充分利用社交直播平台发展速度快、信息更新频率高的特点，结合大数据技术绘制出清晰的用户画像，并进一步划分细分市场的消费者群体，对目标消费者进行精准营销。借助大数据技术对消费者消费习惯进行分析，企业还能够加强"人"与"货"之间的连接。

10.2.2 直播零售成为新零售模式

直播平台的发展催生了直播电商，为零售的数字化、智能化发展提供了新模式。这种模式能够变革企业的供应链管理模式，提升供应链运转效率。

1. 缩短供应链环节，提升供应链响应速度

在传统零售模式下，企业将产品送到消费者手中往往需要经过多个环节。而在直播新零售模式下，企业可以通过线上直播平台直接与消费者联系，而不再需要中间商作为载体。这种模式拉近了企业与消费者之间的距离，使商品能够以更低的价格、更快的配送速度到达消费者手中。少了中间商拿货的环节，供应链响应速度也得到了提升。

2. "人找货"转变为"货找人"

传统零售模式下，消费者需要通过商店找到所需商品。直播新零售模式衍生出更多的消费人群，使消费者的购物行为从"人找货"逐渐转变为"货找人"。而在直播新零售模式下诞生的主播，主要负责向上与企业对接，向下

聚集粉丝和流量，成为串联起直播新零售模式的新的中间商。

3. 仓配一体化需求增加

直播新零售模式下的出货特征是集中爆发式的订单，为高效的仓配一体化模式的发展提供了适用场景。

当下，直播新零售模式火爆。企业应利用好直播平台的价值，为零售数字化转型增添更多动能。

10.2.3 短视频为零售企业营销助力

抖音、快手等短视频平台快速发展，吸引了越来越多的用户，成为流量的聚集地。而在零售数字化转型的过程中，这些短视频平台能够为企业提供助力。

（1）短视频的受众对象比较广泛。作为当下火爆的社交、娱乐和电商平台，短视频平台的用户群体十分广泛，而零售业作为与人们生活密切相关的行业，也拥有十分广泛的用户群体。因此，企业可以选择短视频平台进行营销和推广。同时，短视频平台聚集了大量的年轻用户群体，这一类用户群体往往具备较强的消费观念和较高的消费频率。企业入驻短视频平台能够更好地吸引年轻消费群体的注意力，创造更加丰厚的收益。

（2）短视频的营销效果较好。社区化运营是短视频平台的主要特点，这就意味着短视频平台具有极强的传播性。企业入驻短视频平台能够吸引更多的流量，实现更好的销售。

短视频不同于宣传片之类的产品营销方式，往往借助剧情、互动、科普等内容宣传形式吸引用户的注意力，与用户在情感上建立连接。因此，企业借助短视频平台进行产品销售能够更好地拉近与用户之间的距离，树立良好的品牌形象，创造更多的收益。

短视频营销模式推动了零售模式的更新和迭代，推动了企业的数字化转型进程。随着短视频平台的不断升级和发展，其将成为企业在数字化时代提升经济效益和社会效益的主要阵地。

10.2.4 建立泛渠道，实现用户的精准触达

目前，许多企业在引流、促进转化等方面都面临一些困难，建立泛渠道、拓展渠道的广度成为企业实现零售数字化转型的关键。那么，企业应怎样建立泛渠道呢？企业可以通过四个步骤建立泛渠道：

第一步，进行资源整合，扩大用户覆盖面。企业可以充分整合各种渠道资源，扩大用户覆盖面，增强渠道对用户的吸引力。例如，某企业制定了数字化零售方案，整合了各种零售渠道，包括线上商城、小程序、直播平台等。这不仅可以最大限度地覆盖目标群体，还能增加企业的曝光度，获得更好的零售业绩。

第二步，进行场景化营销，优化用户消费体验。企业可以充分挖掘、追踪和分析用户数据，为全渠道打造统一的消费场景，连接用户线上和线下行为，通过与用户的互动沟通，树立良好的品牌形象，提升用户转化率，实现精准营销。

第三步，建立用户管理体系。用户的精力是有限的，正因如此，企业需要建立一个可以不断涌入新鲜"血液"、沉淀内容的用户管理体系。这样企业就可以对用户行为数据进行有效分析，尽可能延长用户的生命周期，提升用户的留存率，最大限度地挖掘用户的价值。

第四步，寻找关键意见消费者（key opinion consumer，KOC）。企业可以利用 KOC 的影响力以及私域流量，实现低成本、高效率的产品销售。KOC 的意见在用户群体中往往具有较大的影响力，能够帮助企业吸引更多目标用户。

企业拓宽用户与产品接触的各个渠道，不仅能够打通更多销售路径，还能够实现品牌的广泛传播，加深用户对品牌的认知。

第 11 章

数字化物流推动物流变革

物流是连接生产端和消费端的纽带，是企业的产品到达消费者手中的关键环节。然而，在传统物流管理模式下，人工操作往往难以避免失误的发生，物流效率和物流服务水平都较低。而数字技术的广泛应用，则能在很大程度上规避这些问题，为物流的稳健发展提供保障。在数字化趋势下，数字化物流变革了传统物流，成为企业数字化转型不可或缺的重要组成部分。

11.1 数字化物流的支撑技术

数字化物流体系的构建离不开先进技术的有力支撑。具体来说，物联网、GPS、条码技术、ITS 技术四大关键技术，在其中发挥着举足轻重的作用。这些技术的应用，不仅提升了物流运作的智能化水平，更为企业带来了前所未有的效率提升和成本优化，引领着物流行业迈向更加美好的未来。

11.1.1 物联网：实现货物与机器的智能识别

物联网可以通过传感器、红外感应、激光扫描等，实现物体的连接和对物体的识别、追踪等。应用到物流领域，物联网可以实现对货物、机器的识别、定位、智能管理等。在物流领域，物联网主要应用于三大场景，如图 11.1 所示。

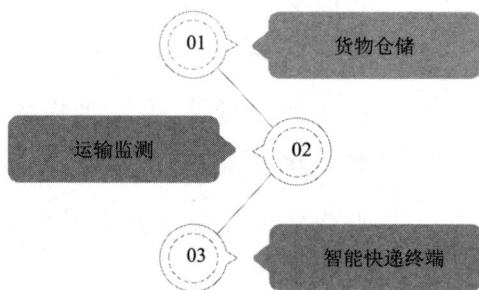

图 11.1　物联网在物流领域的三大应用场景

1. 货物仓储

传统仓储需要人工扫描货物、录入数据，工作效率低下。将物联网与传统仓储结合起来，打造智能仓储管理系统，可以提高货物的进出效率，扩大仓库的容量，减少人工成本。同时，还可以实时监控货物的进出情况，提高交货准确率，及时完成收货入库、拣货出库等工作。

2. 运输监测

通过 GPS 进行智能配送的可视化管理，企业可以实时监控运输的货物以及车辆，完成全方位的定位和追踪，了解货物的状态及温湿度情况等。在货物运输过程中，企业应该将货物、司机以及车辆情况等信息结合起来，以提高运输效率，降低运输成本与货物损耗，实现物流作业的透明化、可视化管理。

3. 智能快递终端

物联网在智能快递终端的应用主要是智能快递柜。基于物联网，智能快递柜具有对货物进行识别、存储、监控和管理的功能，与 PC 服务器共同构成智能快递投递系统。PC 服务器处理智能快递终端采集到的数据，并实时在后台更新，这样可以在最短的时间内进行快递查询、快递调配以及快递终端维护等。

将货物送达指定地点并存入快递终端后，智能系统会自动向用户发送短信，内容包括取件地址、取件码等。用户可以随时去智能终端取件，简单、快捷地完成取件操作。同时，基于射频识别等技术建立的产品智能可追溯网络系统，如食品可追溯系统、药品可追溯系统等，为食品、药品安全提供了坚实的保障。

11.1.2　GPS：实现精准定位与追踪

GPS 可以通过通信卫星、信号接收器等对物体进行定位与追踪，满足诸多场景的应用需求。借助 GPS，企业可以实现对物流车辆的定位、追踪与调度，提升物流的智能化水平。

随着我国物流业与电商的发展壮大，货物的运输量日益增多，车辆的经营管理和合理调度越来越重要。传统交通管理使用的是无线电通信设备，由调度中心向司机发出调度指令，司机根据自己的判断说出车辆的大概位置，但当司机驾车行驶到陌生的地方时，则无法进行准确定位。

从调度管理和安全管理方面来看，GPS 给车辆、轮船等交通工具提供了实时的导航定位。通过车载 GPS 接收器，司机能随时知道自己的具体位置，得到该点详细的经纬度坐标、速度、时间等信息。

GPS 在物流中的作用有以下几点：

1. 车辆跟踪调度

GPS 在车辆与物流中心之间建立了迅速、准确、有效的信息传递通道。物流中心可以随时掌握车辆状态，监督运输车辆，还可以根据实际需要锁定车辆位置，远程控制车辆，为车辆提供所需信息。

2. 实时调度

物流中心可以通过 GPS 随时了解车辆的实时位置和状态，如运行方向、任务执行情况等。物流中心接到需求后，根据货物送达地点自动查询可供调度车辆，以最快的速度调度车辆。这样可以节省时间，提高效率，迅速选择合理的物流路线，合理配置资源。

3. 报警

物流中心可以设定车辆的运行路线和界限，当车辆超出界限时，将立即发出车辆越界警报。当运输途中遇到突发事件时，司机可以按下紧急呼叫按钮向物流中心求助，物流中心接到报警后，会立即开启自动记录与自动录音功能，并给予司机援助。

4. 用户服务功能

在运输过程中，用户能随时了解货物的状态，还可以及时获取车辆地理位置、路线规划等信息。

通过 GPS，货物与司机的安全都有了更高的保障。而且不管是发货方、运输方还是收货方，都可以实时了解货物的情况，并推算货物到达目的地的时间，解决了传统物流中各方不了解货物在途情况的问题，增强了三者之间的信任。

11.1.3 条码技术：满足信息采集的需要

条码指的是利用光电扫描阅读设备识别并读取信息的一种特殊代码，由一组规则排列的条、空及字符等组成。条码技术是一种自动识别技术，可以实现对信息的快速识别。在物流领域，条码技术可以通过货物精准识别，提升货物分拣、运输的效率，缩短货物运输时间，提升物流效益。

连续多年稳坐我国工程机械行业"头把交椅"的徐工装载机智能基地（以下简称"徐工"）中有一条由计算机程序控制的自动化装载传送轨道——"云轨道"。这条特设的"云轨道"可直通码头，完成供货商物料的接收。

"云轨道"会通过"云"发出数据，通过显示屏显示需要卸下来的货物。为了避免出现差错，轨道上有贴着条码的专用托盘。供应商只需要用扫码枪扫描托盘上面的条码，就可以将托盘与物料一对一绑定。物料通过云轨道运输到徐工的工厂里，物料进入工厂后，会有专门的转运系统进行转运，最终送到设置好的生产线上。

一些企业中经常发生领错物料的事情，原因可能有两个：员工对接时出现失误；新手不容易识别相似物料。即使流程很严谨，也有可能出现大规模领错物料的事情，从而使企业遭受严重损失。

而徐工的"云轨道"则能有效避免领错物料事情的发生。当新的生产计划制订后，会通过信息管理系统进行局部分解，分解成多个物料配送清单。这样供应商就可以知道什么车间的什么生产环节需要什么物料。供应商接到配货指令后，会把不同的物料集合在一起，分别打上条码，直至扫描收货。

"云轨道"解决了传统企业很难解决的一个问题：按需配送。具体来说，因为需求是动态的，所以依靠人工很难完成实时配送，而"云轨道"可以实时发出指令，最终完成按需配送。

作为物流管理的一个有效工具，条码技术在三个方面得到广泛应用，如图 11.2 所示。

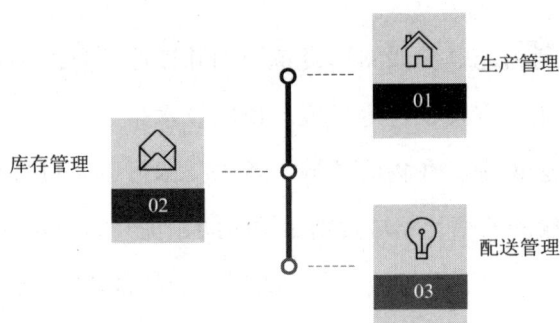

图 11.2 条码技术的应用

1. 生产管理

生产现场会产生大量数据，这些数据对企业的决策非常重要。条码技术能自动、快速地收集生产现场产生的实时数据，并对其进行处理。与此同时，条码技术又与计划层保持双向通信，从计划层接收相应数据，最终形成反馈结果，产生执行指令，实现生产效率的进一步提升。

条码技术有效解决了企业对生产现场进行管理的难题，使企业可以更轻松地管理生产数据，有效地进行生产控制、产品质量追溯，以及后续的库存管理及销售追踪。

2. 库存管理

企业在库存管理中嵌入无线网络技术和条码技术，可以使每个环节都能通过智能终端迅速完成。此外，利用条码技术，产品在进出库时不需要人工反复辨认并分拣，人工通过扫描即可获得相关信息并归类，这样可以提高效率，确保运输过程的统一性和准确性。

3. 配送管理

条码技术已经被广泛应用于现代化配送中心的管理中，除了产品条码外，还有货位条码、装卸台条码、运输车条码等。条码技术也可用于配货分析，通过统计商店的不同需求，按不同的时间段，合理分配货物数量与摆放空间，减少库存占用。

条码技术极大地提高了信息传递的速度和数据的准确性，企业可以进行实时的物流追踪，自动管理仓库的进货、发货以及运输中的装卸等。此外，通过条码技术，相关人员可以及时将整个配送中心的运营状况、库存量反映给管理层和决策层，从而精准控制库存，缩短产品流转周期，将损失降到最低。

11.1.4 ITS 技术：助力物流系统化管理

智能交通系统（intelligent transportation system，ITS）是一种集成人工智能、电子传感、数据通信传输等多种技术的综合运输系统，能够助力企业对物流体系的系统化管理。

ITS 充分利用现有交通设施，减少交通负荷和环境污染，保证交通安全，提高运输效率。借助这个系统，企业可以对车辆的踪迹进行有效管理。

ITS 在物流中的应用主要体现在货物运输和配送方面，通过提高运输效率和安全性实现物流的最优化。将 ITS 与现代物流相结合，既有利于减少空载率，实现物流运输的畅通，又可以提高路网的通行能力。

ITS 对现代物流的作用如图 11.3 所示。

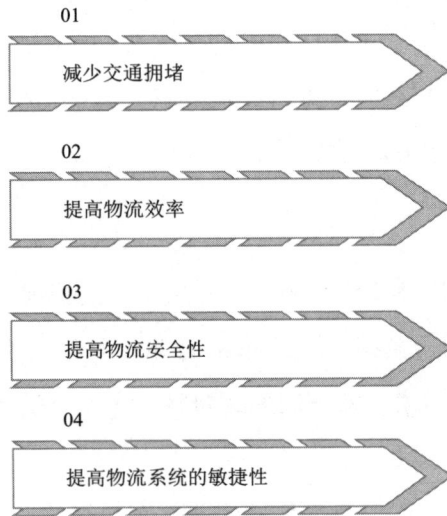

01

减少交通拥堵

02

提高物流效率

03

提高物流安全性

04

提高物流系统的敏捷性

图 11.3　ITS 对现代物流的作用

1. 减少交通拥堵

在物流运输和配送过程中，由于司机不能及时获取道路信息，如交通拥挤、交通事故等，货物运输的时间往往会延长，导致物流成本上升，效率降低。ITS 可以及时为司机提供实时的交通信息，使其避开拥堵路段，尽快完成运输和配送任务，提高路网的通行能力，减少交通阻塞。

2. 提高物流效率

基于 ITS，企业能够实现对运输车辆的实时调度，在必要时改变运输车辆的行程。企业还可以根据货物配载系统提供的信息为在途车辆提供货源，以降低车辆的空返率，在消耗最低的情况下尽可能提高物流效率。

3. 提高物流安全性

企业利用 ITS 对车辆进行追踪和定位，能够保证在途货物的安全以及对司机的全方位监督，实现物流可视化。此外，当在途车辆或货物出现意外时，企业还可以根据监测到的信息迅速反应，将物流损失降到最低，提高物流安全性。

4.提高物流系统的敏捷性

随着用户需求趋于个性化和多样化，用户对物流也有了更高的要求。因此，企业可以借助ITS提供多品种、小批量、多批次的物流服务，打造灵活和动态的服务链，为用户提供量身定制的物流产品组合，提高物流系统的敏捷性和运行效率。

为了提高物流服务水平和配送水平，降低服务全过程的总成本，各大企业都在积极利用现代高科技手段，提高物流运输效率。ITS可以为运输车辆提供实时道路状况信息，智能调度车辆，保证整个运输过程的正常运转；实时追踪和监控车辆，使货物的安全得到保障。通过该系统，企业能够实时掌握货物的在途信息，根据变化调整运输计划，降低运营成本，推动现代物流的发展。

11.2　企业数字化物流解决方案

企业的数字化物流建设可以优化物流流程，提高物流效率，保障物流安全，实现物流降本增效。在这方面，不少企业已经做出了探索，设计了合适的数字化物流解决方案，为更多企业的物流数字化转型提供了范例。

11.2.1　亚马逊：全方位搭建智慧物流体系

随着电商业务规模的不断扩大，亚马逊从多方面出发搭建了智慧物流体系。亚马逊智慧物流体系的核心要素如图 11.4 所示。

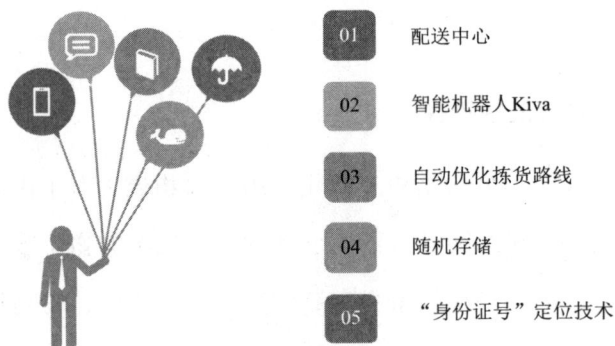

01	配送中心
02	智能机器人Kiva
03	自动优化拣货路线
04	随机存储
05	"身份证号"定位技术

图 11.4 亚马逊智慧物流体系的核心要素

1. 配送中心

亚马逊的配送中心分布在世界各地，为智慧物流体系的搭建奠定了基础。配送中心的业务覆盖货物从出仓到分配的全过程，包括物流中心、再次分配中心、退货中心、专业设备中心和第三方物流外包设备中心等。

配送中心是亚马逊超大物流体系的重要分支，通过这个分支，亚马逊提升了业务集中度，简单来说就是把货物集中起来再分散出去，统一调配，集中处理。配送中心除了收发亚马逊自家的货物外，还为第三方卖家提供物流仓储有偿服务。用户在电商平台购买货物后，亚马逊会及时处理订单，包装发货，再让第三方配送，并收取订单执行费。

另外，在配送方面，亚马逊把业务全部外包出去，美国境内业务由美国邮政和 UPS（美国联合包裹运送服务公司）负责，国际业务由联邦快递、CEVA（基华物流）等负责。

2. 智能机器人 Kiva

除了配送中心外，亚马逊的智能机器人 Kiva 也在其智慧物流体系搭建中发挥了重要作用。亚马逊斥资 7.75 亿美元收购了自动化物流供应商 Kiva 的机器人仓储业务，目前已经有超万台 Kiva 智能机器人投入使用，它们是亚马逊仓库里最忙碌的"员工"。

Kiva 智能机器人的外形像一个大冰球，重约 145 千克，顶部的升降圆盘用来托起货物。该智能机器人有两种型号：一种是小型的，可以承载约 454 千克的货物；另一种是大型的，可以承载 1 360 千克以上的货物。另外，Kiva 智能机器人的最快运行速度是 1.3m/s，充电 5 分钟可以工作 1 小时，每小时可以运行 48 千米。

Kiva 智能机器人密集分布在亚马逊的仓库里，扫描地面的二维码追踪前进，根据无线指令把货物从货架或仓库搬运至员工处理区，这样既可以按最优路线最快行进，又不会彼此碰撞，实现协调有序。

Kiva 智能机器人极大地提高了分拣扫描货物的效率。Kiva 智能机器人与 Robo-Stow 机械臂合作，能够在半个小时内卸载和接收一拖车的货物，这极大提高了亚马逊的物流效率。

分拣扫描工作结束后，传送带会把货物传送到流水线进行包装。系统会自动选择最适合货物的包装方式，然后将货物传送到出货口，进入第三方快递运输车。

3. 自动优化拣货路线

亚马逊智慧物流平台的数据算法可以为拣货员工设计最优的路线。员工手持扫描枪，系统会推荐他下一步要去哪个仓位，他只需要按提示往前走即可，这样员工走的路线是最少的。据统计，这种智慧型拣货模式比传统模式的效率提升了 60%。

这一切都要归功于数据算法，它可以保证不会有很多员工挤在一起拿货物，通道畅通，效率最高。另外，在图书仓储方面，亚马逊采取的是穿插摆放的方式，相似的图书尽量不放在同一位置。这样安排的好处是当有大批量的图书时，员工不会扎堆拣货，而且每位员工的任务量比较平均。

通过大数据分析，亚马逊能够明确哪些商品的需求量较高，哪些商品是批量进入仓库的。对于畅销商品或爆款商品，亚马逊会尽量将其放置在距离发货区域比较近的地方，目的是让拣货员工尽可能少走路，减轻负重。

4. 随机存储

随机存储，顾名思义，就是不按照常规顺序排列，将货物随机性地放置在货架上。不过，亚马逊的随机存储不是真的乱摆乱放，而是遵循一定原则，尤其是一些畅销品和非畅销品的摆放。这样可以为智慧型拣货提供方便，更有利于优化拣货路线。

Bin 系统是随机存储原则的核心，它把货物、仓位和数量绑定起来，只要有一个元素变动，其他元素也会随之发生变动。收货时，Bin 系统认为订单和运货车是一起移动的两个不同货架；上架时，货物随机摆放，盘点同步完成；员工拣货时，Bin 系统指定仓位。Bin 系统见缝插针式的存储模式让不同货物间交叉摆放，这也是亚马逊智慧物流体系的一大特色。

5. "身份证号"定位技术

在亚马逊庞大的配送中心里，后台数据系统通过特殊"身份证号"识别库位和货位。库位有编码，货位有二维码，这样大数据就可以准确定位，及时制订调度计划，平衡物流中心的仓储能力。

11.2.2　海澜之家：多维度提升仓储能力

随着企业规模的壮大，其对仓储能力的需求也日益迫切，这就要求企业积极拥抱智能技术，构建智能化的物流系统，为正常运营提供坚实而有力的支撑。在这方面，海澜之家展现出了前瞻性的视野和积极的探索精神，为行业树立了良好的典范。

为了满足销售网络扩张的需求，提高物流效率，海澜之家搭建了高度信息化和自动化的智能化物流系统，形成了去人工化的强大仓储能力。

海澜之家的智能仓储能力主要体现在以下几个方面：

1. 集成物流系统

海澜之家的物流系统集成了立体仓库、语音拣选、箱式输送线、弹出轮式分拣等功能。每件衣服都有唯一的条码，方便企业进行存储、配送和销售。搭配海澜之家的电商仓库校验系统，发货准确率高达100%。

2. 物流作业流程

物流园是海澜之家的配送中心，既负责管理供应商的库存，又需要按时给商店配送货物，以滚动方式不断进行进货、出货等工作。

3. 入库存储

货物到达后，先由质检员进行抽检，再进入自动化立体仓库。之后，员工从送货箱中取出货物，逐一扫描条码，放入海澜之家的标准箱。

4. 拣选出库

货物到达立体仓库前端的输送线时，员工从托盘中取出纸箱，并送至拣选区。大宗的货物通过倾斜式输送线，利用语音拣选系统在仓库完成拣选。中小宗的货物出库后，在补货区补货。

在海澜之家，交叉带分拣机可以同时处理海量订单，每小时的货物处理能力达到4万件，处理后的货物能自动封箱、贴标、裹膜，与包装区的订单货物汇总后，由箱式输送线送到发货大厅。通过弹出轮式分拣机将货物分到各个道口，再装车送给商店。

5. 挂装货物

自动挂装仓库的作用是对挂装货物进行存放和拣选。自动挂装仓库有多条轨道，可以同时为多家商品分拣货物。另外，自动挂装仓库还配备了空箱输送线和自动裹膜设备，出库前将挂装货物从货架上取下放入纸箱，再汇集到发货大厅一起装车运输。

数字化转型是企业实现长远发展的必由之路，而物流数字化转型是企业数字化转型的重要组成部分，可以推动企业实现更好的发展。海澜之家很早就意识到了物流数字化转型的重要性，通过多年的建设，打造了完善的智能化的物流系统。

11.2.3　蒙牛：搭建完善的自动化物流体系

乳品行业对物流运输有较高的要求，物流运输速度足够快，才能将高品质产品快速送到消费者手中。作为乳品行业的龙头，蒙牛搭建了完善的自动化物流体系。

蒙牛自动化物流体系包括自动仓库系统自动存取系统（automated storage and retrieval system，AS/RS）、空中悬挂输送系统、码垛机器人、环行穿梭车、直线穿梭车、自动导引运输车 AGV、自动整形机、连续提升机，以及多种类型的输送机等智能设备。

这套物流体系主要用于常温液体奶的生产、储存以及运输，按照功能划分为生产区、入库区、储存区和出库区等，由计算机统一实行自动化管理，可以实现从生产到出库装车全过程的无人化作业，涉及成品出入库、原材料及包装材料的输送等所有物流环节。

蒙牛的自动化物流体系囊括四个方面，如图 11.5 所示。

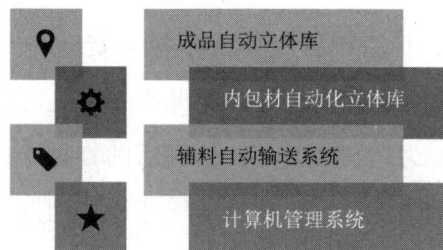

成品自动立体库

内包材自动化立体库

辅料自动输送系统

计算机管理系统

图 11.5　高度自动化物流体系的四个方面

1. 成品自动立体库

成品自动立体库主要用于产品封箱完成之后的环节，例如，装车前的出库区输送、成品存储与出库操作，以及空托盘存储等。成品自动立体库中主要的设备有提升机、机器人自动码盘系统、环形穿梭车、高位货架以及单伸堆垛机等。

2. 内包材自动化立体库

内包材自动化立体库负责将内包材料运送至入库输送线，主要的设备有驶入式货架系统、单伸堆垛机以及 AGV。其中，AGV 可以自动把内包材料送到无菌灌装机指定位置，并将空托盘送回去。

3. 辅料自动输送系统

员工将辅料放置到自动搬运悬挂车后，由辅料运输系统准确将辅料送到指定位置。

4. 计算机管理系统

通过计算机管理系统实现成品的自动化入库、内包材料的自动化入库，以及辅料的全自动控制、监控和统一管理。

蒙牛的高度自动化物流中心中有生产区、入库区、储存区和出库区，其具体运作流程如下：

（1）生产区。输送链在码垛前将盛有货物的纸箱提升至离地面 2 米处；码盘机器人按货架层间距的尺寸要求，将纸箱整齐地码放在下游输送带的托盘上。

（2）入库区。入库区设有双工位、高速环行的穿梭车，用于分配入库口的入库货物。在上穿梭车之前，货物要先经过外形合格检测装置，如果没有通过，则由小车送到整形装置处重新整形后再入库；如果顺利通过，则由堆垛机自动放到计算机系统指定的货架上。

（3）储存区。储存区每一个位置都被计算机系统独立编号。如果货物被移动，计算机系统会收到变动信息，进而进行调整。

（4）出库区。出库区设置了很多停车位，数十辆运输车可以同时进行装卸作业；堆垛机从货架上取出装有货物的托盘，并将其送到库房外的环行穿梭车上；根据销售订单，滚筒式输送机将相应数量的货物送到运输车旁；环行穿梭车的某处设有货物分拆区，需要分拆的货物在此脱离穿梭车道，进行人工分拆。

此外，为了实现智慧物流，蒙牛采取了供应商预约送货的方式，加强对供应商的管理，实现收货工作的计划性与预知性，并在此基础上进行物流安排，做好装车和运输计划。这样有利于实现人力的共享和资源的合理分配，提高车辆装载率和运输效率，节约运输成本，提高送货的准时程度。

11.2.4　菜鸟：以技术提升物流服务水平

菜鸟是我国知名的物流品牌，为消费者提供完善的物流服务。在数字化趋势下，菜鸟借助大数据、人工智能等技术，提高了物流服务的数字化水平，极大地优化了消费者体验。

智能互联与同业协作是菜鸟发展的核心，作为共赢价值链的生态中枢，菜鸟坚持打造智能驱动型以及高效协同型的智慧物流平台，以智能化服务、流动化数据助力物流行业未来发展。

目前，菜鸟承载了新零售态势下电商行业的大部分物流业务。凭借技术创新，菜鸟引领了物流行业的智能化变革。

菜鸟大力发展无人仓储技术，大规模无人仓被投到实际运营中。天津武清、湖北武汉、江苏无锡、浙江嘉兴、广东惠阳等地，都有菜鸟无人仓群的部署。菜鸟通过自主研发的系统将这些无人仓群连接起来，实现对仓储环节物流链路的全面把控。

菜鸟采用人工智能分单模式，有效解决传统分单模式下可能出现的分拨层级过多、人力消耗大、分拨时间过长等问题。人工智能技术以及先进的机器深度学习，使菜鸟能够通过装配有智能硬件设备与软件管理系统的自动化流水线实现智能分单。这不仅节省了大量人力、物力成本，还使分单效率大幅提升，使商品能够以最快速度到达消费者手中。

在物流作业中，菜鸟还推行智能打包算法。该算法能够对商品的体积与外观进行快速计算，在打包作业的现场，帮助工作人员智能选择与商品最匹配的打包箱型。这一算法不仅能够提高工作效率，还节省了包装耗材，有利于物流行业的绿色、环保、可持续发展。

此外，菜鸟还推出了许多智能装备，能够促进物流行业的智能化转型升级，如智能拣选机器人、智能缓存机器人、无人配送车、无人机等。

除了进行数字化转型升级，菜鸟还积极推动同业协同发展。由于消费市场十分庞大，加之众多购物节的加持，任何一家物流企业都难以独自承担所有的物流业务。因此，菜鸟十分重视同业协同合作，积极发挥开放平台优势，通过系统与数据的对接协同全行业的仓储调配、物流人员等资源。

同时，借助超级物流智慧大脑，菜鸟还将平台、商家与快递企业之间的数据打通，使各方能够形成积极的良性互动，促进快递业务高效流转。

11.3 智能设备提升物流智慧化

智能设备的应用为智慧物流的搭建提供了有力支撑。仓储机器人、配送机器人、智能叉车等智能设备的应用，实现了多个物流环节的智慧化。

11.3.1 仓储机器人：提升效率，降低人工成本

仓储是物流的一个重要环节。仓储作业往往工作量较大，重复性工作较多，人力成本较高。仓储机器人可以在很大程度上取代人工，在提高工作效

率的同时降低人工成本。基于以上优势，仓储机器人展现出了巨大价值。

上海快仓与北京佰才邦联合创新，推出了智能仓储机器人，并运用于物流仓库中，以提升仓储运营效率。该仓储机器人是基于 5G 技术研发出来的，更加灵活，自动化程度更高。每个仓储机器人上都有通信模块，可以扫描周围的环境，并将相应信息通过 5G 网络传输到智能服务器上。智能服务器具有 AI 控制能力，可以及时处理仓储机器人遇到的问题以及其他诉求。

由于仓储机器人的计算能力存在于智能服务器端，因此研发成本得以降低。随着 5G 技术的升级，仓储机器人的运营效率也不断提升。在物流仓储方面，仓储机器人结合 AI 技术进行仓储管理，无线网络控制能够使仓储机器人将货架搬起，顺畅地在仓库中移动，根据指令将货架运送到指定位置，并平稳地放下。

仓储机器人在很大程度上节约了人力成本，减少了工作量，降低了失误率，提升了物流运输效率。仓储机器人的运用是物流行业的一大发展趋势。

11.3.2 配送机器人：打通配送"最后一公里"

配送是物流流程的最后一个环节。将机器人应用到物流配送环节，可以节省人力成本，提高物流效率，打通配送的"最后一公里"。

在实际应用中，快递员将需要配送的快递放入配送机器人的小格子内，配送机器人就会根据收货人的地址和具体环境自动规划出一条合适的线路。距离目的地较近时，配送机器人会向收货人发送一条信息，信息中包含配送机器人到达的时间与地点，提醒收货人前来取件。如果收货人不方便取件，需要通过指定的 App 进行反馈，配送机器人会为其规划下一次配送时间，并且再次向其发送取件提醒。配送机器人到达目的地时，会向收货人发送取件码，收货人可以通过取件码收取快递。

配送机器人在配送的过程中是相对稳定与安全的，它们的身上安装了很多传感器，可以 360° 无死角地感知周围的环境。面对障碍物、车子、行人，机器人都可以安全地躲过，并且能够准确地判断红绿灯，不会对交通产生任何的干扰。它的增减速切换功能也十分灵敏，不会给人们的出行造成阻碍。

配送机器人拥有数字地图，可以在最短的时间内熟悉周围的环境。在每天工作任务结束之后，配送机器人会自动前往指定地点进行充电和检查，为第二天的正常工作提供保障。

这种配送机器人在早期是运用激光感应模式，后来进行完善后采用视觉感应模式，但是在一些恶劣天气下，依旧存在配送问题，这个问题随着技术研发的推进逐渐得到改善。目前，配送机器人还处于发展完善中，配送地点不断增多，工作时间不断增加，工作环境从半封闭发展到开放状态。

未来，在不断研发与改进下，配送机器人能够适用于更多的货物配送场景，实现更广范围的普及。

11.3.3 智能叉车：助力仓储精准化管理

叉车是物流业务中的常用工具，能够帮助工作人员进行货物分拣与运输。在各种技术的赋能下，叉车有了更加丰富、智能的功能。例如，条码识别、无线传输等技术在智能叉车中的应用，提高了智能叉车的工作水平与复合能力。

根据市场与物流企业的需求，江苏东大集成电路系统工程技术有限公司（以下简称"东大集成"）利用 5G 推出智能叉车新方案，将 AUTOID Pad、扫描枪、集线盒运用于智能叉车上。东大集成将软件技术与硬件技术融合在一起，将叉车系统与仓储管理相结合，增强整体运作系统的高效控制与管理。

AUTOID Pad 拥有 7 英寸的屏幕，适合处理信息，便于携带。同时，其支持 5G 网络，设计独特，信号强度较高，抗干扰能力较强，能在嘈杂的仓储环境中平稳运行，保障了工作效率。

将 AUTOID Pad 应用于叉车上，开启扫描功能之后，扫描枪会自动扫描货物的条码并上传到 AUTOID Pad 上。工作人员可以通过无线终端对货物进行系统的管理，在较短时间内，工作人员可以在偌大的仓储中心找到需要的货物，或者将新运来的货物放在指定位置。

这样工作人员不仅可以掌握货物的真实数据，方便货物的调配，而且货物出入库与上下架、货物移动、剩余库存等信息一目了然，实现了物流仓储的精确化管理。

智能叉车不仅降低了物流企业的人力成本，还提高了物流工作的效率，而且能够优化物流运输流程，推动了物流运输智能化、透明化、自动化发展。

第12章

数字化营销提高营销性价比

为了吸引更多用户，很多企业打造了多样化的营销渠道，但转化效果不尽如人意。要想在数字时代激烈的市场竞争中站稳脚跟，企业就需要进行营销数字化转型，制定新的数字化营销方案。在这个过程中，绘制数字化用户画像、进行数字化广告投放、结合先进技术探索营销新方式等都是企业必做的功课。

12.1　用户画像是数据基础

用户画像是企业进行营销数字化转型的利器。在数字化时代，用户画像的价值进一步凸显。基于各种数据绘制完善的用户画像，企业能够形成一个对用户的完整描述，从而为个性化推荐、内容精准分发等提供数据基础。

12.1.1　绘制用户画像的四个步骤

用户画像能够集中、全面地展示用户信息，为企业进行精准营销、个性化服务、业务决策等提供支持。

从构成上来看，用户画像包括用户静态标签和用户动态标签。静态标签主要包括用户性别、地域、年龄、兴趣、消费水平和消费习惯等。用户动态标签主要从用户行为信息中提取，包括用户在互联网上的浏览记录、购买行为等。大数据和云计算能够精准识别用户动态标签，并将用户动态标签输到用户画像系统中。在绘制用户画像时，企业可以遵循四个步骤，如图12.1所示。

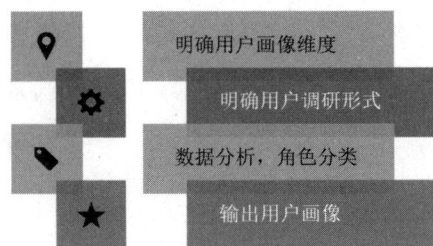

图 12.1　绘制用户画像的四个步骤

明确用户画像维度

明确用户调研形式

数据分析，角色分类

输出用户画像

1. 明确用户画像维度

企业需要明确用户角色和业务发展目标，基于目标用户群体，结合业务目标找到用户画像的大致维度。同时，企业应该将自身业务实际情况与用户画像相结合，对用户信息进行有选择性地筛选。此外，不同端口的信息维度往往不同，例如，B 端更加关注用户的工作能力、工作内容等；而 C 端更加关注用户的性别、年龄、爱好和收入等。

2. 明确用户调研形式

企业需要根据用户、精力、时间和资金预算等因素，选择合理的调查方式采集用户信息，如问卷调研、电话邀约、微信沟通等。常用的用户调研方式有三种：第一种是定量分析，包括数据分析、调查问卷等；第二种是定性分析，包括访谈法、观察法等；第三种是定量和定性相结合。

3. 数据分析，角色分类

在收集用户数据后，企业需要将这些数据转换为对产品营销有帮助的信息。企业需要确定用户关键行为变量，归纳用户的行为模式，并预测用户未来的行为模式。

4. 输出用户画像

在对用户特征和用户行为的特性进行总结后，企业可以绘制出用户画像的基本框架，并进一步描述用户的属性信息和行为场景，使用户形象更加真实、丰满。

需要注意的是，用户画像并不是一成不变的，企业需要根据多维度信息对用户画像进行不断验证和完善。

12.1.2 数字技术助力用户画像描绘

要想实现精准的数字化营销，企业就需要根据用户画像描绘出用户的消费路径、消费场景等。这意味着，用户画像的精准性至关重要。而借助数字技术，企业可以精准收集用户数据、分析用户需求，实现个性化精准营销。

以数字化金融服务商百融云创为例，百融云创依靠大数据和人工智能技术帮助金融企业建立精准的用户画像，使金融产品能够更加精准地匹配用户。同时，百融云创依靠大数据和云计算技术帮助金融企业构建了覆盖多领域、多产品的风险识别体系，帮助金融企业最大化地避免业务与运营风险。

百融云创通过精准绘制用户画像，将业务风控前置到营销端，提升金融企业获客的精准度，帮助金融企业获取高质量的用户，有效降低了金融企业的获客风险和成本。百融云创依靠人工智能技术深度挖掘和分析金融企业的存量用户，并通过智能营销平台实现对用户的精准营销，激活大量沉睡用户，为金融企业寻找新商机，从而缓解金融企业获客难的问题。

百融云创依托大数据技术为金融企业搭建客户价值系统、客户标签体系，帮助金融企业实现用户的精准分层。以金融企业的信贷存量用户营销为例，企业能够基于营销成单分、营销响应分，从沉睡用户、流失用户体系中精准对接到贷款需求高的用户，并通过短信、交互式语音应答等形式开展营销。在这种情况下，有需求的用户能够及时发现产品、没有需求的用户不会受到打扰。这极大地提升了金融企业产品营销的响应效率，节约了金融企业的营销成本。

在数字化营销不断发展的背景下，百融云创积极利用数字技术帮助金融企业深入洞察用户需求，帮助金融企业进行精准营销，为金融企业创造更广泛的经济效益和社会效益。

12.2 广告投放新玩法

数字化时代，传统的广告投放方法已经不能满足企业数字化营销的需要。为提高营销效果，企业需要探索广告投放新玩法，实现业务腾飞。在广告投放方面，企业需要了解数字化广告投放的四大要素和三大渠道，积极进行广告投放数字化转型。

12.2.1 四大要素，提升数字化广告投放效果

数字化时代，企业的广告投放策略也需要进行相应的变革。深入了解数字化广告投放的四大要素，有利于企业提升数字化广告投放的效果，如图 12.2 所示。

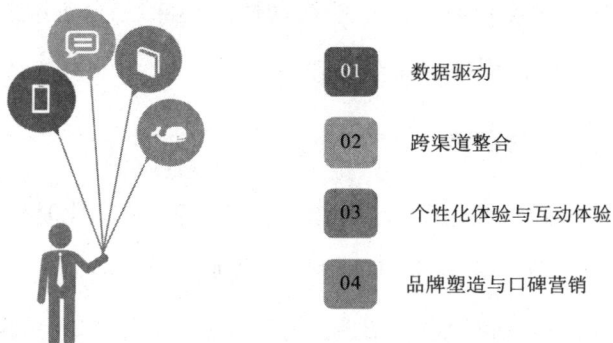

图 12.2　数字化广告投放的四大要素

01　数据驱动

02　跨渠道整合

03　个性化体验与互动体验

04　品牌塑造与口碑营销

1. 数据驱动

数据驱动是进行广告投放的核心。借助各种技术和工具，企业可以广泛收集用户数据，并精准了解用户的行为、喜好、消费模式等。基于对用户数据的分析，企业可以精准定位受众群体并进行广告投放，进而提升广告投放效果。同时，通过收集并分析用户数据，企业还能更好地理解用户需求与市场趋势，进而有针对性地优化产品。

2. 跨渠道整合

跨渠道整合是实现全面营销的关键。当前，数字媒体的爆发为用户提供了多样的选择，用户获取信息的渠道更加多样化。为了提升广告投放的影响力，企业需要进行跨渠道整合，制定完善、广覆盖的广告投放策略。这样，

企业的广告才能更广泛地触达目标用户。

3.个性化体验与互动体验

个性化体验与互动体验也是企业进行广告投放时需要关注的。在当前信息爆炸的时代，用户对体验有着更高的要求。因此，在进行广告投放时，企业需要打造个性化的内容，同时需要融入多样化的互动环节，为用户提供更好的体验。例如，企业可以设计一些互动性与趣味性强的小游戏，吸引用户体验游戏，在游戏的过程中加深对品牌的印象。

4.品牌塑造与口碑营销

品牌塑造与口碑营销是广告投放的重要策略。数字化时代，品牌、口碑的重要程度不断提升。企业可以通过广告投放传达品牌理念、个性与优势，积极进行品牌打造和口碑管理，塑造良好的品牌形象，扩大品牌影响力。

综上所述，在数字化时代，企业需要关注以上四大要素，变革广告投放策略。只有这样，企业才能更好地迎接数字化时代的挑战，提升广告投放和营销的效果。

12.2.2　三大渠道：前端 + 内容 + 直播

在数字化趋势下，企业需要对广告投放方式进行创新。在这方面，企业需要关注数字化广告投放的三大渠道。

1.前端渠道

随着电商渗透率的不断提升，与用户直接接触的前端渠道的触达率得到提升，但也越来越碎片化。微博就是这样的一种渠道。随着使用人数不断增加，微博的影响力越来越大，很多企业利用微博进行品牌宣传。

拼多多就充分利用微博反应快、碎片化的特性，使自身品牌得到了快速、广泛的传播。在创立初期，拼多多在微博宣传上投入了大量资金。"一亿人都在用的购物 App"宣传语使得拼多多在微博上迅速走红，成为国内主流的购物软件。

微博曾与尼尔森联合发布了《微博营销品牌影响白皮书》，即通过尼尔森数字品牌有效性（digital brand effectiveness，DBE）价值衡量体系直观地展示微博的推广效果。结果显示，传统行业与新兴行业均能在微博上取得较好的品牌宣传效果。

2. 内容渠道

除了微博这种碎片化的前端渠道，企业还可以使用微信公众号、知乎等内容渠道精准触达用户。内容渠道兼具私密性与社交性，利用这种渠道进行品牌宣传会增强宣传内容的可信度和说服力，从而产生更好的宣传效果。

随着内容经济的兴起，大批的知识型平台涌现，用户可以在上面发布自己的经验、对问题的看法。内容渠道受到了越来越多年轻人的喜爱，能吸引素质更高的用户，为企业创造更大的价值。

当前，微信被广泛应用于聊天、了解资讯、休闲娱乐等场景中，打造企业品牌微信公众号并定期对产品信息进行更新，能有效扩大品牌的影响范围。

不论是打造自有微信公众号还是利用第三方优质公众号来进行品牌宣传，都需要企业对相关的内容进行转发、传播。如果两种方式同时进行，营销效果会更好。在宣传的过程中，企业可以结合渠道的特点创作贴合度更高的内容，设计普适性更强的环节，吸引更多用户关注，影响并占领用户心智。

3. 直播渠道

如今，短视频成为深受人们欢迎的一种休闲娱乐方式，直播成为最火爆的宣传渠道。企业在进行广告投放时也要抓住直播这股浪潮，全面拓宽产品营销渠道，为品牌积攒人气。

随着直播行业的快速发展，带货主播应运而生。他们会在直播过程中宣传产品，使得企业能够在短时间内获得极高的曝光度，快速提升产品销量。企业与有影响力的带货主播合作，进行广告投放，能够使广告触达更多目标用户，获得事半功倍的宣传效果。

12.3　技术融合，营销更智能

企业探索数字化营销离不开技术的支持，大数据、人工智能、VR 等技术都能为企业的数字化营销提供助力。

12.3.1　大数据营销：优化网络营销效果

网络营销是企业整体营销战略中不可或缺的一部分，离不开大数据技术的支持。大数据能够帮助企业找到有价值的数据，锁定目标市场，优化营销策略，提高营销效果。在大数据技术的赋能下，网络营销能够更精准、更高效。

大数据营销是指依托于多平台的大量数据与大数据技术，进行产品或品牌营销。大数据营销的核心在于在合适的时间，通过合适的载体，以个性化的方式，将广告投放给目标用户，从而获得高回报。想要实现精准的广告投放，企业就要选择特定的目标用户和区域，采用文字、图片、视频等形式，将广告投放给用户。

利用大数据技术精准投放广告是信息社会特有的营销方式。通过对海量数据进行分析，企业能精准判断用户属性和行为模式，使广告投放有了清晰的目标和实现的基础。

惠普商用打印机的成功营销正是基于精准的广告投放，有效激发了用户的购买行为。借助能够实现数据与营销对接并驱动销售的解决方案"京腾智慧"，腾讯将单个用户的娱乐、社交、资讯等数据与电商购物数据完美对接，为惠普挖掘、匹配了 160 万潜在购买人群。

在潜在购买人群比较多的平台上，惠普根据用户的习惯，以原生广告的形式实现与用户的对接。用户点击广告后，就被无缝引流至电商网站，从而一键完成购买。相关数据显示，惠普广告的点击率超过行业均值 3.7 倍，为惠普带来了产品浏览量和销量的双重增长，实现了营销信息与用户购买行为的无缝对接。

影响广告精准投放的一个重要因素是用户画像。企业积累的用户数据越多，机器学习与预测模型越准确，广告投放就越精准。目前，一些原生广告平台不但能从地域、设备类型、系统类型、网络类型等方面进行定向、精准投放广告，还可以通过为移动 App 设置大量偏好标签进一步优化广告投放的效果。

企业利用大数据精准投放广告的前提是给用户打上标签，根据属性将用户分类。用户可以通过 IP 或用户的浏览、搜索行为对用户的购买可能性进行判断。例如，一位用户在一段时间内搜索过母婴产品，广告营销平台就会默认这位用户在一段时间内对母婴产品有需求。

精准投放强调广告的本质：对正确的人，以正确的方式，说正确的话。这三个"正确"是保障广告效果的核心。在传统的广告营销模式下，企业通过科学的手段探知并把握用户需求，进行市场预判，通过大众媒体实现全面覆盖。而新的营销框架以大数据技术为基础，精细化管理广告投放，从而为实现三个"正确"提供可能。

如何找到正确的人？在现实世界中，每个人都是有个性、有名称的个体，企业通过用户的特征能对其进行准确识别；在网络世界中，每个用户都被标签化，企业可以通过大数据技术将姓名、年龄、性别、生日、喜好、经历等属性以及其他属性结合在一起，塑造出一个能够识别的虚拟用户，这个虚拟用户与现实中的用户一一对应。

在数字化时代，不是企业将广告传递给用户就是实现了广告的精准投放，而是要借助大数据技术对用户进行分析，根据用户的喜好和要求为其量身定制广告内容。大数据技术能对碎片化的广告市场进行更精准、更客观的测量，让广告变得"聪明"、精准，让广告主能够更有效地传播其品牌价值和信息，实现价值最大化。

12.3.2　人工智能营销：搭建智能生态营销体系

人工智能营销也是数字化时代一个重要的营销方法。人工智能算法能够对目标用户进行筛选，推动企业营销从粗放式向精细化转变，让企业能够将营销资源与精力投向目标用户。在人工智能算法的助力下，企业可以通过自身硬件产品实现精准获客。在这方面，小米公司做出了很好的探索。

小米积极打造智能生态营销体系，涉及手环、VR眼镜等智能硬件，致力于全场景融入用户的生活。这样的营销体系可以吸引更多用户的注意力，而且还不会过多干扰用户的行为轨迹，可以推动营销活动实际效果的转化。

此外，小米还将标签、算法、数据应用到了极致。例如，在用户允许的情况下，很多提醒和通知都会出现在用户的手机上，包括肯德基的早餐提醒、麦当劳的新产品上市通知等。通过智能生态营销体系内用户产生的数据，小米可以将用户的行为变成标签，然后再根据标签向用户推送广告，实现广告与场景的深度融合。

小米始终以用户体验为核心，致力于将用户体验做到最好，这使得小米的智能生态营销体系变得越来越成熟。在人工智能的助力下，小米不仅拥有系统级别、软硬件兼顾的被动数据，还能通过线上数据分析与线下调研反馈，进一步挖掘用户的心智数据。

当被动数据和心智数据结合在一起以后，一个亿万量级的工程正式形成。通过算法之间的相互关联，小米打造出一条全场景关系链。在智慧营销时代，小米借助智能生态营销和全场景关系链，利用标签和算法的融合，取得了巨大成功。

12.3.3　VR 营销：沉浸式营销带来新体验

随着技术的不断发展，VR 走进更多人的视野。在营销领域，VR 技术的应用为企业实现沉浸式营销提供了新的可能。VR 营销极大地变革了传统营销模式，主要体现在三个方面。

1. 提供虚拟试用服务，激发消费冲动

营销的目标是刺激用户产生购买行为，但很多营销手段不能实现这一目标。如果能够借助 VR 营造虚拟体验，例如，向用户解释一些比较复杂的技术，让用户远程参观产品的产地、生产线等，就能更有效地说服用户，进而促成交易。例如，一些汽车企业已经开始了对 VR 营销的探索，为用户提供沉浸式看车体验。企业能够借助 VR 打造沉浸式驾车场景，而用户能够在虚拟试驾中获得逼真的体验，从而深入了解汽车性能与功能。

2. 改变购物体验

VR 从各个视角为用户提供前所未有、近乎真实的购物体验。阿里巴巴 VR 实验室曾发布了一项"Buy+"计划。该计划通过 VR 来搭建异地购物场景，从而帮助用户实现足不出户买遍全世界的愿望。

使用"Buy+"后，即使用户身在国内某个城市的家中，只要戴上 VR 眼镜，进入 VR 版淘宝，就可以随意选择购物地点，如纽约第五大道、英国复古集市等，获得身临其境般的购物体验。

同时，VR 也能够解决线上购物的一些痛点。例如，在服装销售中，色差、尺码不合适等问题困扰着买卖双方，而 VR 购物就可以解决这些痛点。

通过对产品的 3D 渲染，VR 能最大限度地将产品的真实情况呈现给用户，方便用户在短时间内更直观地查看所需产品，极大地提升用户的消费体验。例如，用户在选购服装时可以通过 VR 眼镜对比不同的颜色，可以通过 VR 眼镜直接看到服装的上身效果，判断尺码是否合适。

3. 实时收集数据，改善营销状况

如今，使用 VR 购物的用户越来越多，基于庞大的用户群体，企业可以及时收集并分析相关数据，然后快速调整营销策略。如果一项 VR 营销项目的效果并不理想，那么企业可以根据反馈数据，快速制定新的方案，以迎合用户的实际需求。

VR 营销最典型的案例莫过于星巴克。星巴克借助 VR 的"扫一扫"功能，让用户充分了解"从一颗咖啡生豆到一杯香醇咖啡"的故事，从而获得一场沉浸式的咖啡文化体验。用户的消费体验得到升级，更加喜欢星巴克的各种产品。

VR 能够为企业构建诸多消费场景，例如，借助 VR，用户能够进入"客厅必买清单""旅行常备清单装备"以及"家庭必备药物清单"等多元化场景中。由于场景精准，用户购买这些产品的概率会有很大的提高。

VR 能够消除线上线下营销的隔阂，打造无缝连接的消费体验。可以说，VR 的出现让营销有了无限可能性，一个全新的营销体系正在被建立。未来，任何领域的企业都可以找到适合自己的形式进行 VR 营销，为消费者带来前所未有的体验，从而深入触达目标群体，提升品牌影响力，实现营销效果的最大化。

12.3.4　海尔：借大数据实现精准营销

基于大数据技术，海尔搭建了社交化用户关系管理（social customer relationship management，SCRM）会员大数据平台。这一平台可以实现用户数据的广泛收集，同时实现用户隐私保护。基于此，海尔可以科学预测用户需求，进行更加精准的营销。

SCRM 会员大数据平台以用户数据为核心，是海尔的企业级用户数据平台。SCRM 会员大数据平台拥有大量的用户数据和用户标签，以及丰富的数据模型。基于 SCRM 会员大数据平台，海尔不断探索移动互联网时代的大数据精准交互营销，并顺势推出"梦享 +"社交化会员互动品牌。

海尔提出了"无交互不海尔，无数据不营销"的理念。SCRM 会员大数据平台的交互营销活动主要有四项内容，如图 12.3 所示。

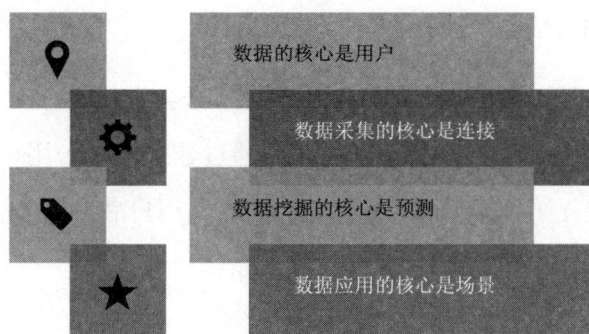

数据的核心是用户

数据采集的核心是连接

数据挖掘的核心是预测

数据应用的核心是场景

图 12.3　SCRM 会员大数据平台的主要内容

1. 数据的核心是用户

结清尾款不是交易的结束，而是交互的开始。海尔要研究的是用户需求，SCRM 会员大数据平台的核心是用户。因此，SCRM 会员大数据平台打通 8 类数据，深入分析用户，了解用户的需求和喜好，并据此设计和生产产品。

"梦享 +"是海尔的上层会员平台，可以产生很多数据，这些数据被存储在 SCRM 会员大数据平台上。对于海尔来说，除了会员数据外，产品销售、售后服务、官方网站以及社交媒体等方面的数据也非常重要。

SCRM 会员大数据平台存储了海量用户数据，海尔对这些用户数据进行了清洗、融合和识别。利用数据挖掘技术，海尔可以预测用户什么时候需要购买家电，从而进行精准营销。同时，海尔还可以了解到哪些用户比较活跃，重点满足他们的需求，实现交互创新。

2. 数据采集的核心是连接

数据不等于有价值的信息，只有连接之后，二者才可以实现转化。海尔以用户数据为核心，全流程连接运营数据、社交行为数据、网络交互数据。通过这样的连接，海尔对分散在不同系统中的数据进行融合和清洗，最终识别每个用户，获得用户的姓名、电话、年龄、住址、邮箱、所需产品等信息。

3. 数据挖掘的核心是预测

数据挖掘的核心是预测，即预测用户接下来会有什么行为、有什么需求，或者对已有的产品、方案有什么新需求。通过数据融合、用户识别，海尔生成数据标签，建立了数据模型，用量化分值定义用户潜在需求的高低。

4. 数据应用的核心是场景

数据应用的场景分为线上场景和线下场景两种，线上场景包括网上浏览、电商购物、线上社交等；线下场景有居家生活、实体店购物、电话交流等。无论用户出现在哪一个场景中，海尔都需要满足用户真正的需求。

海尔的 SCRM 会员大数据平台应用逐渐走向产品化、常态化。为了开展线下精准交互营销，SCRM 会员大数据平台还开发了两款产品：海尔营销宝和海尔交互宝。它们的主要作用是帮助设计师和研发人员更全面地了解用户需要、受欢迎的产品特征、用户兴趣分布以及可参与交互的活跃用户等信息。